음악가 클라라 슈만

세상 가득히 피아노 선율을 울리다

음악가 클라라 슈만 세상 가득히 **피아노 선율**을 울리다

2011년 3월 30일 초판 1쇄 발행
2017년 1월 20일 초판 3쇄 발행

글 꼬나 / 그림 투라이트
펴낸이 이철규 / 펴낸곳 북스
편집 김세영 / 편집디자인 박근영 / 마케팅 이종한

편집부 02-336-7634 / 영업부 02-336-7613 / FAX 02-336-7614
홈페이지 http://www.vooxs.kr / 등록번호 제 313-2004-00245호 / 등록일자 2004년 10월 18일

주소 서울특별시 광진구 동일로 4길 32 2층
값 9,800원
ISBN 978-89-6519-015-8 74800
　　　978-89-6519-007-3 (세트)

잘못된 서적은 구입하신 서점에서 교환하여 드립니다.
이 책은 저작권법에 의해 보호 받는 저작물이므로 불법 복제와
스캔 등 무단 전재 및 유포·공유를 금합니다.

음악가 클라라 슈만

세상 가득히 피아노 선율을 울리다

글 꼬나 / 그림 투라이트

vooks북스
BOOK IN YOUR LIFE

 머리말

클라라 슈만, 세기의 음악으로 사랑을 연주하다

　클라라 슈만은 무수한 거장들이 군림했던 19세기 음악사에서 결코 빼놓을 수 없는 피아니스트이다. 그녀는 삶의 50여 년 동안 정상의 자리에서 연주를 멈춘 적이 없었다.

　또한 그녀는 음악의 거장들을 둘러싼 사랑 이야기의 중심에 있었다. 독일의 위대한 작곡가 로베르트 슈만의 아내이며, 요하네스 브람스의 마음속 연인이었으니 말이다.

　그녀의 삶은 그녀가 연주한 수많은 명곡처럼 극적이고 때로는 불꽃처럼 화려하였으며, 비극적이기도 했다.

　그녀는 그 누구보다도 강인한 여성이었고, 어머니였다. 사랑하는 남편 슈만이 죽었을 때 그의 곁에는 많은 자식들이 남겨져 있었다. 클라라는 남겨진 자식들을 생각하며 40여 년의 길고도 고된 순회공연을 시작하였다.

　그 여정은 너무나 고되었지만 슈만의 음악을 알리고자 하는 남다른 열정과 끈기, 또한 천부적인 감각과 노력은 그녀를 오랜 세월 동안 정상의 자리에 머물게 하였다.

찬사와 박수.

그러나 그녀의 삶은 그 속에 고통과 비극이 숨어 있었다. 사랑하는 아이들의 죽음이 계속되자, 그로 인한 극도의 절망은 늘 그녀를 삶의 끝자락까지 밀어 버렸다.

하지만 감당할 수 없는 시련은 없다는 말이 있다. 클라라 역시 절망의 끝에서 기어이 다시 일어섰다. 절대 포기하지 않았고, 남아 있는 삶을 위해 다시 치열하게 노력하였다.

19세기의 음악 역사상 그 누구보다 아름다운 로맨스의 주인공이자 세계 최고의 여류 피아니스트, 그녀가 바로 클라라 슈만이다.

지은이 꼬나

Clara Schumann

차례

머리말_ 클라라 슈만, 세기의 음악으로 사랑을 연주하다 6

시선집중! 요상한 재판 10

아홉 살 난 피아니스트, 클라라 21

서로에게 물들어 가다 31

우리 이대로 사랑하게 해 주세요! 69

클라라 비크에서 클라라 슈만으로 93

두 얼굴의 로베르트 102

먹구름을 헤치고 116

슈만 부부의 영원한 벗, 브람스 130

아름다운 이별, 그리고 끝나지 않은 시간들 142

저무는 황혼 녘에 서서 163

인물 **마주보기** 186

클라라 슈만 **일대기** 190

알쏭달쏭~ 음악가가 궁금해 192

역사와 함께 흘러온 **위대한 음악 이야기** 203

시선집중! 요상한 재판

"이런 괘씸한! 네놈이 그런 짓을 해? 감히 네놈이……!"
한 중년의 남성이 화가 머리끝까지 치솟아 미친 듯이 소리를 질렀다.
그 남성의 이름은 프리드리히 비크. 라이프치히에서 가장 뛰어난 피아노 교수라는 명성을 갖고 있는 사람이었다.

비크는 가난한 상인의 아들로 태어났으나 음악을 좋아하여 음악가가 되고자 했었다. 하지만 피나는 노력에도 불구하고 그는 음악가가 될 수 없었다. 그에게는 그럴 만한 재능이 없었던 것이다. 그럼에도 음악을 포기할 수 없었던 그는 자신에게 피아노를 가르치는 선생으로서의 자질이 있음을 알게 되었다.
비크는 그동안 전해져 왔던 피아노 주법들을 자세히 연구하였고, 이를 바탕으로 자신만의 고유한 주법을 만들어 냈다. 덕분에 그는 라이프치히

최고의 피아노 교수라는 명성을 갖게 되었다.

그에게는 늘 많은 제자들이 피아노를 배우고 있었다. 그중에서도 비크에게 가장 소중하고 보석 같은 제자는 다름 아닌 자신의 딸 클라라였다. 클라라는 비크의 두 번째 딸이었지만 첫딸이 일찍 죽었던 탓에 장녀나 마찬가지였다.

비크는 어렸을 때부터 클라라에게 매우 엄격하게 피아노를 가르쳤는데, 그것이 클라라가 지니고 있었던 피아노 연주의 탁월한 재능과 어우러지면서 그녀를 당대 최고의 여성 피아니스트 중 한 명으로 만들어 냈다. 그런 클라라에 대한 비크의 애정은 각별한 것이었다.

한편, 비크의 제자들 중에는 로베르트 슈만이라는 청년이 있었다. 그는 꽤 음악적인 재능이 있는 사람이었다. 피아노 연주도 제법 그럴듯했다. 잘 다듬으면 피아니스트로 성공할 수 있을 거라 생각했다. 그러나 슈만은 피아노를 연습하다가 손가락을 다쳤다. 피아니스트가 손가락을 다쳤다면 그걸로 피아니스트로서의 인생은 끝이다. 음악에 대한 재능이 아까웠지만 어쩔 도리가 없었다.

그런데 그런 슈만이 비크에게 둘도 없는 보석인 클라라와 결혼하겠다고 법원에 허가서를 낸 것이다. 클라라보다 나이도 아홉 살이나 위였고, 생긴 것도 비크의 눈에는 볼품이 없었다. 뿐만 아니라 슈만의 집안 역시 입에 풀칠이나 할 정도였으니 비크에게서 "이런 도둑 같은 놈!!"이라는 소리가 저절로 튀어나올 수밖에 없었다.

비크는 미친 사람처럼 혼자 소리를 지르며 서재 안을 서성거렸다. 생

각할수록 울컥 분이 치솟았고 손에 잡히는 대로 무엇이든지 부숴 버리고 싶은 충동을 느꼈다. 하지만 그럴 수는 없었다. 서재에 있는 물건들은 자신의 피 같은 돈으로 산 것들이 아닌가!

비크는 물건을 집어던지는 대신 서재 한쪽에 놓여 있는 피아노 앞에 앉았다. 그것은 비크가 가장 아끼는 피아노로, 그 피아노를 비크의 허락 없이 연주할 수 있는 건 오직 클라라뿐이었다.

비크는 *베토벤의 「피아노 소나타 14번」을 연주하였다. 훗날 「월광 *소나타」라고 불리게 되는 곡으로, 느리게 진행되는 아름다운 선율이 곧 그의 마음을 차분하게 가라앉혀 주었다.

비크는 무언가 마음이 심란할 때마다 이 곡을 연주하곤 하였는데 그때마다 신기하게도 곧 마음이 평온해졌다. 어느 정도 마음이 가라앉자 그제야 자신이 앞으로 어떻게 해야 하는지 하나둘씩 보이기 시작했다.

이미 법원이 슈만의 *소장을 접수한 후였으므로, 비크에게는 두 가지 선택이 남아 있었다.

첫 번째는 그 두 사람의 결혼을 허락해 재판을 피하는 것이고, 또 하나는 법원에서 판결을 내릴 때까지 끝까지 싸우는 것이었다. 하지만 끝까지 싸울 경우 재판으로 인해 사회적인 체면이 땅에 떨어지는 위험이 있었다.

비크는 양쪽의 경우를 모두 생각해 보았다. 하지만 역시 둘의 결혼을 허락

베토벤 : 1770년 독일의 본에서 태어난 세계적인 작곡가. 음악가 집안에서 태어난 그는 어렸을 때부터 피아노 연주를 시작하여 죽는 날까지 무수히 많은 명곡들을 남겼다. 후에 그는 청력을 잃어 음악가 인생의 내리막을 걷기도 했으나, 반대로 그 시기에 생애에서 길이 남을 작품 「9번 교향곡」을 완성했다. 그의 작품들은 오늘날까지 사람들에게 많은 감동을 주고 있다.
소나타 : 16세기 후반에 나타난, 악기로만 이루어진 연주곡.
소장 : 재판 소송을 제기할 때 법원에 제출하는 서류.

할 수는 없는 일이었다. 어떤 희생을 치르더라도 이것만은 막아야만 했다.

"있을 수 없는 일이야! 있을 수 없는 일이고말고!"

비크는 거듭 결의를 다졌지만 문제는 그리 녹록한 게 아니었다. 부모라고 해서 무작정 결혼을 반대할 수는 없는 일이었다. 사람들과 재판관이 인정할 수 있는 그럴듯한 이유가 있어야 했다.

생각이 여기까지 미치자 늘 무표정하고 차가운 비크의 표정에 미소가 피어올랐다. 비크에게는 재판에서 이길 수 있는 결정적인 이유가 있었던 것이다.

결국, 비크는 재판을 포기하지 않았고, 인류 역사상 가장 희한한 재판 중 하나가 열리게 되었다. 당시 대중들에게도 그 재판은 관심거리였는지 첫 *심리가 시작되던 재판정 안팎엔 사람들로 가득했다.

재판이 열리기 전, 슈로더라는 친구가 비크를 찾아왔다.

사실 비크에겐 친구라 할 만한 사람이 거의 없었다. 성공한 피아노 교수로 명성이 자자했지만 비크는 돈에 관해서 무척이나 인색했다. 주변 사람들에게 돈을 쓰는 법이 거의 없었기 때문에 인색한 그의 옆에 친구가 있을 리가 없었다.

그나마 슈로더는 악기를 파는 부자로, 비크와 가끔씩 어울리는 유일한 사람이었다.

"이 재판에서 이기려면 아무래도 변호사를 쓰는 게 낫지 않겠나?"

심리 : 법률 용어로, 사실 관계를 확실히 하기 위해 법원에서 증거와 관련 자료를 심사하는 일.

"변호사?"

"변호사는 법을 잘 알고 있을 테니 어떤 식으로 해야 이길 수 있는지도 잘 알 게 아닌가?"

"그야 그렇지만……. 변호사를 쓰려면 비용이 얼마나 드는가?"

비크는 변호사를 고용하려면 돈이 든다는 게 마음에 들지 않았지만 이번만은 큰마음을 먹고 적당한 가격으로 변호사를 고용할 생각이었다.

"글쎄. 내가 알기로는 5백 *탈러 정도면 될 거야."

슈로더는 땡전 한 푼에도 손을 부들부들 떠는 비크를 위해 최소한의 금액을 이야기했다. 그 정도면 구두쇠 비크에게도 부담스럽지 않을 거라 생각했던 것이다.

"5백 탈러라구?"

비크는 눈알이 튀어나올 것처럼 놀란 표정으로 되물었다. 5백 탈러라니, 비크에게는 죽었다 깨어나도 불가능한 금액이었다. 비크는 이 재판에 단 1마르크의 돈이 들어가는 것도 아쉬운 판이었다. 당연히 그는 변호사 없이 혼자 재판을 치를 셈이었다.

드디어 재판이 열리고 비크가 재판정 안으로 들어섰다. 이미 재판정 안 객석은 사람들로 꽉 들어차 있었고, 객석 맨 앞쪽에는 변호인으로 보이는 사람과 함께 옛날 같으면 동네를 끌고 다니며 돌팔매질을 당해도 시원치 않을 슈만이 앉아 있었다.

탈러 : 독일의 옛날 화폐 단위. 현재는 유로로 통일되어 있다.

'흥! 똥구멍이 찢어지게 가난한 놈이 변호사까지 고용을 해?'

비크는 슈만의 얼굴에 구멍이라도 뚫어 버리겠다는 듯이 쏘아보았다. 그 이글거리는 비크의 증오심을 슈만은 도저히 이해할 수 없었다. 도대체 왜 자신에게 저토록 냉혹하게 구는 것인지 말이다.

비록 돈이 많지는 않지만 밥을 굶어야 할 만큼 가난하지도 않았다. 나름 머리도 좋았다. 비록 손가락을 다쳐 피아노 연주를 할 수는 없었지만 작곡에 재능이 있었다. 제법 작곡가로서도 음악계에서 조금씩 인정받고 있었다. 또한 음악 잡지를 창간해 운영하고 있는 음악평론가이기도 했다.

무엇보다도 어린 시절부터 많은 시간을 함께 했던 클라라를 마음 깊이 사랑하고 있었다. 그녀와 결혼하지 못할 이유가 없다고 슈만은 생각했다.

슈만은 비크의 시선에 지지 않겠다는 듯 의지에 불타는 눈으로 비크를 바라보았다.

'뻔뻔스러운 놈! 감히 네놈이 내 눈을 똑바로 쳐다본단 말이냐? 곧 이 재판정에서 도망치게 될 테니 두고 보자! 이놈!!'

비크는 자신을 똑바로 바라보는 슈만을 보며 이를 부득 갈았다.

"조금만 비켜 주세요! 비켜 주세요!"

비크가 막 자신의 자리로 가서 앉을 즈음, 재판정 입구에 가득한 사람들 사이로 아담한 체구의 한 소녀가 안으로 들어섰다. 사슴을 닮은 커다란 눈동자와 갸름하고 예쁜 얼굴에 풍성한 머리칼을 휘날리는 클라라였다.

클라라를 본 비크는 당장이라도 달려가 껴안아 주고 싶었다. 그동안 클라라를 일류 피아니스트로 만들기 위해 얼마나 노력했던가!

비크는 클라라가 막 걸음을 걷기 시작했을 무렵부터 피아노를 가르쳤고, 클라라가 자라면서 모든 생활의 초점을 피아노에 맞춰 엄격하게 관리하였다. 심지어 지구력을 키우기 위해 하루에 두 시간 이상 산책을 하는 시간까지 스케줄 표에 집어넣었다.

자신이 고안한 피아노 주법에 따라 클라라는 당대 피아니스트로 훌륭하게 자라났다. 비크의 바람대로 여성 피아니스트로는 최고의 경지에 이르렀다.

그런데 이제 막 피아니스트로 피어난 스무 살의 클라라가 꽃다운 나이에 결혼해서 자신의 곁을 떠난다는 것은 상상도 할 수 없는 일이었다. 그 생각을 할 때마다 비크는 가슴 한 곳을 도려내는 느낌이었다.

클라라는 재판정 앞쪽으로 걸어 나오더니 비크에게는 눈길도 주지 않고 슈만의 뒷자리로 가서 앉았다. 그 모습을 보자 비크는 울컥 서러움이 솟구쳤다. 지금의 클라라를 위해 모든 것을 바쳐 왔는데 사랑에 눈이 멀어 자신을 외면하는 현실이 너무도 억울했던 것이다.

비크는 억울함이 사무칠 때마다 기필코 다시 클라라를 찾아오겠다는 각오를 다졌다.

잠시 후 재판을 맡은 재판관과 법원 관계자들이 안으로 들어왔다. 드디어 클라라를 놓고 벌어지는, 클라라의 아버지 비크와 클라라의 연인 슈만의 재판이 시작되는 것이다.

땅! 땅! 땅!
시작을 알리는 *의사봉 소리에 비크는 심호흡을 하며 아랫배에 힘을 주고 기합

을 넣었다. 마치 그 옛날 원형경기장에 들어서는 검투사가 된 것 같은 기분이었다. 질 수 없다는 투지가 솟구쳐 올랐다.

"여기 로베르트 슈만과 클라라 비크는 성인으로, 서로 사랑하는 사이입니다. 그런데 클라라 양의 아버지인 비크 씨는 아무런 이유도 없이 결혼을 반대하고 있을 뿐 아니라 결혼을 허락하는 조건으로 도저히 감당할 수 없는 사항들을 내걸었습니다. 이에 법의 힘으로 부당함을 증명하고, 아울러 로베르트 군과 클라라 양이 아무런 제약 없이 결혼할 수 있는 권리를 갖기 위해 재판을 청구하였습니다."

슈만의 변호사가 재판을 신청한 배경을 설명하였다. 그러자 여기저기서 사람들이 나지막이 웅성거렸다.

"클라라에게 그동안 번 돈 수천 탈러의 예금을 내놓으라고 했대."

"그뿐이 아니야. 소지품 값도 내라고 했다더군! 거기에 뭐더라……. 슈만에게도 수천 탈러를 내라고 했고 말이야."

"그 정도면 딸을 팔아서 장사를 하겠다는 거잖아."

"이미 상당한 재산을 모은 사람이 무슨 욕심이 저리 많은 건지……."

사람들은 목소리를 낮추고 소곤거렸지만 간간이 비크의 귀에 사람들의 비난이 들렸다.

'욕심 없이 어찌 재산을 모아! 기껏해야 어디서 돈 빌릴 궁리나 하는 것들이!! 너희들이 부자의 마음을 알기나 하고 지껄이는 것이야!'

비크는 사람들에게 버럭 소리를 지르고 싶었지만 꾹 눌러 참았다. 재

의사봉 : 무엇을 선언하기 위해서 두드리는 기구. 망치와 비슷하다.

판관에게 나쁜 인상을 준다면 이 재판에서 이길 수 없었기 때문이었다. 비크는 애써 미소를 짓는 얼굴을 만들기 위해서 노력했는데, 워낙 미소를 지어 본 적이 없는 얼굴이라 그의 표정이 무척이나 어색해 보였다.

"원고인 슈만 씨는 아무런 이유가 없다고 했는데 피고인 비크 씨는 결혼을 반대하는 이유가 있으시오?"

재판관이 비크에게 물었다. 비크는 그 질문을 기다렸다는 듯이 벌떡 자리에서 일어섰다. 재판정 안에 있는 모든 사람들의 시선이 비크에게로 쏠렸다. 그토록 필사적으로 결혼을 반대하는 이유가 다들 너무도 궁금했기 때문이었다.

"제가 사랑스러운 딸 클라라와의 결혼을 그토록 반대하는 이유는 슈만이 정신병을 갖고 있기 때문입니다!!"

비크의 입에서 터져 나온 소리에 재판정 안에 있는 모든 이들이 놀라지 않을 수 없었다.

슈만이 정신병을 갖고 있다니! 이것이 사실이라면 비크가 필사적으로 결혼을 허락하지 않는 이유로 충분했다. 그 어떤 부모가 정신병자에게 자신의 딸을 시집보내려 하겠는가?

재판정은 크게 술렁거렸고 모두들 슈만을 바라보았다.

"지금 비크 씨는 자신의 주장을 위해서 무고한 사람에게 누명을 씌우고 있습니다! 이는 심각한 명예훼손으로 그에 대한 책임이 있음을 분명히 밝혀 두는 바입니다!!"

슈만의 변호사가 술렁거리는 재판정 안에 찬물이라도 끼얹듯이 벌떡 일어서며 소리쳤다.

"본 재판관도 변호인의 말에 동의합니다."

변호인의 말에 동의한다는 재판관의 말은 슈만이 정신병을 갖고 있다는 객관적인 증거를 제시하지 못하면 비크가 *무고죄로 처벌 받을 수 있다는 것을 뜻했다. 따라서 비크는 슈만이 정신병을 갖고 있다는 주장을 철회하든지 아니면 증거를 내놓아야 했다.

"슈만은 정신병자입니다. 따라서 이 결혼은 절대 허용돼서는 안 될 것입니다!"

비크는 단호하게 소리쳤다.

이로써 이번 재판은 슈만이 정신병이 있는지 아니면 비크가 거짓으로 이야기를 꾸민 것인지가 재판의 승패를 가르는 중요한 관점으로 떠올랐다.

그리고 그 진실과 거짓을 찾기 위해서는 과거로 거슬러 올라가야만 했다.

무고죄 : 다른 사람을 해치기 위해 허위 사실을 밝힘으로써 성립하는 범죄.

아홉 살 난 피아니스트, 클라라

  클라라가 태어난 것은 프리드리히 비크가 피아노 교사로 제법 명성을 얻고 있던 때였다.

  서른두 살의 비크는 자신의 제자였던 열아홉의 마리안네와 결혼을 하여 그 이듬해 첫딸을 낳았지만 불행히도 얼마 못 가 일찍 죽고 말았다. 그로부터 2년 후인 1819년, 여자아이가 태어났는데 비크는 그 아이에게 클라라 요세피네 비크라는 이름을 붙여 주었다.

  비크는 무척이나 권위주의적인 사람이었다. 그는 아내 마리안네에게도 엄격한 복종을 요구했는데 그 때문에 마리안네는 많은 고생을 해야 했다. 아이들을 돌봐야 했고 살림뿐만 아니라 비크가 운영하는 피아노 학교까지 도와야 했다.

  그러던 어느 날, 마리안네가 계속되는 집안일 때문에 과로로 열이 올라 방에 누워 있었다.

　비크는 학생들을 가르치고 있어야 할 마리안네가 보이지 않자 한걸음에 방으로 달려들어 왔다.
　"아직까지 누워 있으면 어쩌자는 거야? 해가 중천을 지나 석양을 향해 가고 있는 것이 보이지 않아? 학생들이 기다리고 있단 사실을 잊은 거야!"
　비크는 당연한 것처럼 소리를 질러 댔다.
　평소 같으면 두말없이 비크의 말에 복종했을 마리안네였지만 이날은 왠지 울컥한 기분이 들었다. 아픈 몸 때문에 비크의 말이 더욱 차갑고 서운하게 들렸고, 자신이 부인이 아니라 일을 하기 위해 고용된 노예 같다는 생각도 들었다.
　"다른 선생을 고용하세요. 난 이제 더 이상 피아노를 가르치지 않을 거예요."
　마리안네는 단호하게 말했다.
　막상 이야기를 하고 난 후, 마리안네 스스로도 자신이 그런 말을 할 수 있었던 것에 깜짝 놀랐다. 하물며 그 말을 들은 비크의 충격은 이루 말할 수 없을 정도였다.
　"도대체 지금 무슨 말을 하고 있는 거야! 제정신이야? 선생을 고용하는데 돈이 얼마나 더 드는지 알기나 해? 집에 버젓이 선생이 있는데 왜 다른 선생을 고용해? 일을 하기 싫으면 당장 내 집에서 나가! 난 일을 하지 않는 자에겐 빵 한 조각도 줄 수 없어! 무슨 말인지 알겠어?"
　그러자 비크의 고함을 듣고 있던 마리안네가 벌떡 침대에서 일어섰다.
　"그래. 잘 생각한 거야. 사람은 일을 해야 하는 거야. 조금 힘들겠지만 학생들이 기다리고 있으니 얼른 교실로 가도록 해."

비크는 침대에서 일어선 마리안네가 교실로 내려갈 거라고 생각하며 다소 부드러운 목소리로 말했다. 하지만 마리안네의 대답은 청천벽력 같았다.

"교실 같은 덴 더 이상 가지 않을 거예요!"

"뭐, 뭐…… 뭐라구?"

"더 이상 당신이란 사람과도 살지 않을 거야! 친정으로 갈 테니까 그렇게 알아요!!"

마리안네가 비크에게 소리를 빽 지르고는 방을 나가 버렸다.

꽝!!

뒤이어 부서질 듯한 문소리가 방 안을 울렸다. 너무도 놀란 비크가 입을 쩍 벌린 채 석상처럼 굳어 있었다.

마리안네는 젖먹이인 클라라의 남동생을 데리고 친정으로 가 버렸다. 그 후 마리안네는 비크와 이혼을 했고, 법적으로 이혼이 성립되기 무섭게 비크의 친구이자 피아노 교사와 재혼해 버렸다. 이는 그동안 자신을 노예처럼 학대해 온 비크에 대한 노골적인 복수였다.

부모의 이혼으로 클라라는 하녀인 요한나의 손에서 자랐는데, 요한나는 발음이 자연스럽지 못해서인지 말을 거의 하지 않았다. 거의 모든 시간을 요한나와 둘이서 보냈던 클라라로서는 말을 배울 수 있는 기회가 부족했던 셈이었다. 그나마 다행스러운 점은 클라라가 거의 모든 시간을 피아노 연주 소리에 묻혀 있었다는 것이었다. 그 때문이었는지 클라라는 사람의 말보다도 소리에 더 민감했다.

한 번 들은 선율을 그대로 머릿속에 입력하듯이 기억했고, 언제든 그

선율을 되살려 내었다.

  비크는 딸의 그런 재능을 그냥 지나칠 리 없었다. 그렇지 않아도 그는 클라라를 가장 유명한 피아니스트로 키우고자 했는데, 클라라의 놀라운 재능은 그런 비크의 욕심에 기름을 부은 격이었다. 그는 아내에게서 버림 받은 상처를 클라라를 통해서 보상 받으려고 한 것인지도 모른다.

  어찌 됐든 비크는 막 걸음을 뗀 클라라를 피아노 앞에 앉히기 일쑤였고, 건반을 누르는 것을 연습시켰다. 어린 클라라로서는 슬프고도 고달픈 일이었다. 부모의 애정과 사랑 속에서 자라야 할 나이에 어머니와 헤어진 것도 모자라 피아노를 배워야 했으니 말이다.

  그래서인지 클라라의 모습은 늘 슬퍼 보였다. 눈이 크고 눈 꼬리가 약간 처진 편이라 슬픈 사슴의 눈을 닮았다는 소리를 많이 들었던 클라라였다. 당연히 더욱 슬퍼 보였을 것이었다.

  다행히 그런 슬픔 속에서도 클라라는 아버지 비크의 기대에 훌륭하게 부응했다. 네 살이 되자 귀로 익힌 몇 곡의 춤곡을 피아노로 칠 수 있는 소녀였으니 말이다. 비크로서는 클라라의 재능을 다시 확인하는 순간이었다.

  클라라가 다섯 살이 되자 비크는 본격적으로 클라라에게 피아노를 가르치기 시작했다. 클라라는 문자나 숫자보다도 악보와 리듬을 먼저 공부했던 셈이다.

  비크는 클라라를 위해 시간표를 만들고 그 시간표에 따라 클라라를 가르쳤는데, 클라라에게 직접 피아노를 가르칠 때면 여느 학생보다도 더욱

엄격하게 어린 클라라를 대하곤 하였다.

비크는 이른바 잔재주라 불리는 기교를 무척이나 싫어했다. 마술사와 같이 손가락을 잘 놀리는 피아니스트를 경멸하다시피 했는데, 비크는 그런 기교보다 악보에 나와 있는 정확한 음과 그 음에 실려 있는 정확한 감정을 표현하는 것을 최고의 목표로 삼았다.

그러한 목표에 도달하기 위해서는 연주만이 아닌 음악 전체에 대한 공부가 필요했다. 그에 맞춰서 클라라는 피아노는 물론이고 음악이론과 작곡, 거기다 성악에 이르기까지 광범위한 공부를 해야 했는데 어린 소녀로서는 너무도 벅찬 일이었다.

"클라라! 도대체 어디다가 정신을 팔고 있는 거야? 다시!"

클라라의 연주가 마음에 들지 않을 때면 비크는 가차 없이 어린 클라라에게 소리쳤다. 그럴 때마다 클라라는 겁이 더럭 나기도 했고 아버지의 얼굴을 보는 게 무섭기도 했다. 다시 그 무서운 소리를 듣지 않으려면 눈물을 참으며 집중하는 수밖에 없었다.

확실히 클라라는 피아니스트로서 뛰어난 재능을 가지고 있었다. 본격적으로 음악을 공부한 지 일 년 만에 청중들 앞에서 피아노를 연주할 만한 준비를 끝냈는데, 그때 그녀의 나이는 불과 여섯 살이었다.

클라라는 당시 뛰어난 여류 피아니스트인 에밀리 라임홀트와 협연으로 첫 번째 연주회를 가졌다.

대기실에서 차례를 기다리고 있던 비크는 차분히 앉아 있는 클라라와는 달리 좀처럼 자리에 앉아 있을 수가 없었다. 첫 연주회의 *레퍼토리를 아무리 생각해도 클라라가 소화하기에는 무리가 아닐까 하는 걱정 때문이었다. 물론 레퍼토리를 고른 건 비크 자신이었다. 그는 첫 연주회에서 강한 인상을 심어 주기 위해 다소 어려운 곡을 골랐던 것이다.

욕심이었다. 사실 첫 연주회 자체가 비크가 가진 욕심의 결과였다. 그는 하루빨리 클라라가 사람들에게 인정받기를 원했는데 그러기 위해선 어린 나이에 데뷔하는 게 유리하다는 판단을 했던 것이다.

'모차르트도 여섯 살에 첫 공연을 하지 않았던가! 나의 클라라도 못할 게 없지!'

그게 비크의 생각이었고 첫 연주회로 이어진 것이다.

그러나 막상 시간이 가까워 오자 비크는 초조해졌다. 만약에 클라라가 제대로 연주를 하지 못한다면 데뷔는 고사하고 자신의 명성에 먹칠하는 결과가 벌어질 수도 있었다.

초조한 비크와는 달리 클라라는 별다른 느낌이 없었다. 아니, 오히려 집에 있을 때보다도 훨씬 기분이 좋았다. 방에 몇 시간씩 틀어박혀 피아노 연습을 하며 아버지의 야단을 맞지 않아도 되기 때문이었다.

클라라가 무대 위로 올라갈 차례였다.

"클라라! 정신 똑바로 차려라! 실수를 하면 용서하지 않을 게야!!"

비크는 클라라를 데리고 무대로 가며 소리쳤다. 되도록 부담이 되는 소리를 피하고 싶었지만 도저히 이렇게 말하지 않고는 참을 수가 없었던 것이다. 클라라의 굳은 표정을 보며 그는 아차 싶었지만 이미 입 밖으로

레퍼토리 : 음악이나 연극 등의 무대 위에서 공연하기로 한 작품들을 나열한 목록.

나간 소리를 주워 담을 수는 없었다.

"겁먹을 거 없다! 평소에 하던 대로만 하면 되니까! 실수만 하지 않으면 되는 게야. 그것만 명심하면 돼!"

비크는 표정이 굳어진 클라라를 위로하기 위해 되도록 부드럽게 말을 하려 노력했지만 워낙 긴장하고 있던 탓에 목소리 톤이 이상해졌고, 그의 목소리를 들은 클라라는 겁을 먹었는지 금방이라도 울 것 같은 표정으로 변했다.

마침 먼저 연주를 끝낸 에밀리가 클라라를 데리고 가서 주변 사람들에게 인사를 시키는 바람에 더 큰 사태로 흘러가는 것을 막아 주었다. 에밀리가 클라라를 데리고 가지 않았다면 비크는 클라라를 달랜다고 뭐라 말을 했을 것이고, 그 소리는 분명 클라라를 울리고 말았을 터였다. 무대 위에서 울고 있는 클라라는 상상만으로도 끔찍했다.

비크는 안도의 한숨을 내쉬며 무대 바로 아래에서 옆쪽에 마련된 자신의 자리로 걸어갔다.

관중들의 박수 소리와 함께 클라라가 피아노 앞에 앉았다.

클라라를 바라보고 있는 비크는 갑자기 심한 복통을 느꼈다. 극도의 긴장과 스트레스로 인한 것이었다. 비크는 복통을 참으며 클라라의 피아노 소리를 기다렸다.

이윽고 클라라의 피아노 연주가 울려 퍼지기 시작했다.

한 치의 흔들림도 없는 소리였고 선율이었다. 클라라는 아버지 비크가 가르쳐 준대로 정확하게 연주하였다. 어렵지 않을까 했던 걱정은 말 그대로 걱정에 지나지 않았다.

 여섯 살의 클라라는 너무나도 훌륭히, 그야말로 비크의 생각 이상으로 성공적인 데뷔 무대를 이끌었다. 대성공이었다.

 청중들은 우레와 같은 박수로 어린 클라라의 연주에 찬사를 보냈다. 그건 비크에게 보내는 찬사와도 같은 것이었다. 비크의 교육 방법의 우수성을 증명하는 것이기 때문이다. 클라라를 당대 최고의 피아니스트로 키우겠다는 비크의 야심은 단지 욕심으로 머문 것이 아니라 구체적인 성과로 드러나기 시작했다.

 그 후, 비크는 더욱더 클라라를 가르치는 일에 열중하였고 그런 비크의 집착은 어린 클라라에게 무척이나 괴로운 일이었다.

 그나마 클라라에게 유일한 위로가 있다면 그것은 음악이었다. 음악을 듣고 연주하는 일은 클라라에게 더할 수 없는 기쁨이었다. 클라라는 피아노 앞에 앉을 때면 곧장 음악에 빠져들었고, 시간 가는 줄 모르고 피아노를 연주하였다.

 그럴 때면 클라라의 등 뒤에 서 있던 비크가 입가에 물안개처럼 피어오른 미소를 머금고 클라라의 귀에 소곤거렸다.

 "클라라, 보이느냐? 전 유럽, 아니 전 세계 사람들이 넋을 잃고 너의 연주를 듣는 모습이……. 내 눈엔 그것이 너무도 선명하게 보인단다. 그때가 되면 우린 엄청난 부자가 될 수 있을 게야. 무슨 말인지 알겠니?"

 섬뜩한 전율이 클라라의 등골을 타고 흘렀다.

 하지만 그건 비크의 단순한 바람이 아니었다. 실제로 비크는 클라라의 공연 계획을 세우고 실행에 옮기기 시작했다. 다른 사람과의 협연이 아

닌 클라라의 단독 공연이 시작됐던 것이다. 물론, 대규모로 기획된 공연이 아니라 *살롱을 중심으로 한, 특정 계층을 위한 공연이었다. 그런 공연이 계속되면서 클라라는 열 살이 되기도 전에 라이프치히의 피아니스트로 확고한 명성을 얻게 되었다.

바로 그즈음 클라라 앞에 하늘이 정해 놓은 운명의 상대인 로베르트 슈만이 나타났는데, 어느 저택에서 열린 '음악의 밤'이라는 작은 파티에서였다. 클라라의 나이, 아홉 살이었다.

살롱 : 상류 계층의 저택에서 열리는 사교적인 모임을 위한 장소.

서로에게 물들어 가다

    로베르트 슈만은 1810년 독일 작센 지방에서 태어났다. 그는 글을 쓰는 아버지의 영향으로 어렸을 적부터 문학에 뛰어난 재능을 보였고, 감수성이 뛰어났던 어머니의 영향으로 음악에 타고난 능력을 드러냈다. 그래서 이미 열한 살 때 작곡을 하고 자서전을 쓰기도 했다. 하지만 슈만은 법률가가 되기를 바라는 어머니의 뜻에 따라 라이프치히 대학에 입학하여 법을 공부하고자 하였다. 슈만은 어머니를 사랑하였고 그런 어머니를 실망시키고 싶지 않았던 것이다.

    그러나 그건 맞지 않은 옷을 입은 것이나 마찬가지였다. 슈만에게 법률 공부는 따분할 뿐 아무런 흥미가 생기지 않았고, 그와 반대로 음악에 대한 갈증은 커져만 갔다.

    방황이 계속되었다. 슈만은 법률 대학에 몸담고 있으면서도 그 지역의 음악가 모임을 기웃거리기 시작했다.

음악가 모임을 '카루스의 살롱'이라고 불렀는데, 그곳에는 라이프치히에서 이름이 알려진 음악가들이 모여들었다. 슈만은 그곳에서 슈베르트 가곡에 조예가 깊은 카루스와 아그네스 부부를 알게 되었다. 그는 카루스 부부에게서 비크를 소개 받았는데, 그건 슈만의 인생행로를 바꾸어 버린 중대한 인연이었다.

슈만은 결코 평범한 젊은이가 아니었다. 성격이 무척이나 내성적이어서 말수가 적고 수줍음을 많이 타다 보니 쉽게 친구를 사귀지 못했다. 그만큼 혼자 몽상에 빠져 있는 시간이 많았다.
당시 슈만에게 큰 영향을 미친 것은 문학가인 *장 파울이었는데, 그를 만나기 위해 뮌헨까지 도보 여행을 하기도 하였다.
간혹 혼자 몽상에 빠져 있을 때면 슈만은 누군가와 말하기도 하였다.
"아직도 결정하지 못한 거야? 법률 따위는 중요한 게 아니야. 네 귀에 아름다운 멜로디가 들린다는 걸 알아. 그게 무얼 뜻하는지 모르겠어, 로베르트?"
"하지만 내가 법률 공부를 그만둔다면 어머니가 슬퍼할 거야. 어머니가 슬퍼하는 모습을 보고 싶지 않아."
"어머니가 너의 인생을 살아 주는 건 아니야. 넌 누구를 위해서가 아니라 자신을 위해서 너의 인생을 살아야 할 의무가 있는 거야!"
"나의 인생?"

장 파울 : 낭만주의를 대표하는 소설가. 독일 문학의 거장으로 불리는 그는 저서 〈미학 입문〉을 남겼다.

"그래. 너의 인생! 네가 진정으로 원하는 그런 너의 인생 말이다! 네가 말했지? 음악은 시이고 법률은 산문이라고. 네가 진정 원하는 게 뭔지 결정을 내려야 할 때야!"

"난, 난…… 시를 쓰고 싶어! 늘 내 귀에 맴도는 아름다운 선율로 된 노래를 만들고 싶어."

슈만은 스스로 만들어 낸 또 다른 인격체와 대화를 나누었던 것이다. 그건 일종의 정신분열이었다. 하지만 당시에는 아주 가끔씩 깊은 몽상에 빠져 있을 때만 정신분열이 드러나곤 했기 때문에, 슈만이 일상생활을 하는 것에는 아무런 지장이 없었다. 또한 그런 사실을 알고 있는 사람도 없었다.

슈만이 클라라를 처음 본 건 그즈음 '카루스의 살롱'에서였다. 당시 명성이 높던 클라라의 연주를 듣기 위해 카루스가 그녀를 살롱에 초대했던 것이다.

비크 교수와 함께 클라라가 살롱 안으로 들어섰는데, 아버지 비크는 클라라를 키웠다는 자부심을 자신의 얼굴에 노골적으로 드러냈다. 슈만의 눈에는 그 모습이 무척이나 거만해 보였다.

하지만 곧 이어진 클라라의 연주는 슈만에게도 상당히 놀라운 것이었다. 어린 나이에 그만한 실력을 가진 것도 그렇지만, 무엇보다도 상당히 정확하고 감성적인 연주가 슈만에게는 특히 인상적이었다.

그런 연주를 가르친 비크 교수가 새삼 달라 보였고, 음악을 하는 쪽으로 결심을 굳혀 가던 슈만은 그에게 피아노를 배울 결심을 하였다.

"뭣이라고? 잘 듣지 못했는데 다시 한 번 말해 주겠나?"

비크는 자신의 집에 찾아와 피아노를 배우겠다고 말하는 슈만을 힐끗 쳐다보고는 *모노클을 닦으며 중얼거렸다.

"교수님에게 피아노를 배우고 싶습니다."

다시 말하는 슈만은 묘한 모멸감을 느꼈다.

"……."

비크는 아무런 대답도 하지 않은 채 입김을 불어 가며 모노클을 손질하였다. 슈만은 조용히 대답을 기다릴 수밖에 없었다. 마치 판결을 기다리고 있는 죄수처럼 말이다.

"굳이 내게 피아노를 배우고 싶다면 내 특별히 허락하지."

비크는 관대함을 베푸는 것 같은 표정과 목소리로 말했다.

"감사합니다, 교수님!"

대답을 기다리고 있던 슈만은 자리에서 벌떡 일어서서 고개까지 숙이며 인사를 했다.

"단, 조건이 있네. 우리 음악학교는 아무나 받아들여 피아노를 가르치는 여느 곳과는 다르다네. 우선 교습 비용을 선불로 내야 하네. 무슨 말인지 알겠나? 외상 따위는 취급하지 않는다는 걸 기억해 두게."

"언제부터 가르침을 받을 수 있는 겁니까?"

"교습비를 낸다면 지금 당장이라도 상관없겠지."

그리고는 정성스럽게 손질한 모노클을 끼더니 슈만을 향해 시익 미소 지었다. 그 기묘한 모습은 슈만이 오싹한 기분을 느끼기에 충분한 미소였다.

모노클: 렌즈가 하나밖에 없는 안경으로, 한쪽 눈으로만 볼 수 있다.

슈만은 본격적으로 비크에게서 피아노를 배우기 시작했다. 무례하고 거만한 비크였지만 피아노를 가르칠 때만큼은 무척이나 열정적이었다.

무엇보다 비크의 피아노 주법은 지금껏 전해진 거의 모든 주법을 연구해서 가장 정확한 주법으로 발전시킨 것으로, 무척이나 훌륭한 것이었다. 이는 비크가 자부심을 가지기에 충분한 것이었다.

슈만은 음악에 천재성을 가지고 있었다. 그는 피아노 연주에 빠르게 적응하였고 특히 작곡에 뛰어난 능력을 발휘했는데, 비크에게 피아노를 배우는 동안 틈틈이 음악을 작곡하였다. 뿐만 아니라 글을 쓰는 능력도 탁월했다. 당시 유명한 음악 잡지에 음악 평론을 간간이 쓸 정도였다.

그때까지만 해도 클라라와 슈만의 관계는 그저 자신보다 뛰어난 실력을 가진 스승의 어린 딸과 그 스승에게서 피아노를 배우는 제자 그뿐이었다. 당시 클라라의 나이가 열 살 정도였으니 무슨 다른 감정이 생기겠는가? 다만 슈만이 비크의 집에서 피아노를 배우는 시간이 길어지면서 클라라와 어울리는 시간도 많아졌다.

슈만의 눈에는 그저 귀엽고 어린 소녀인 클라라였지만, 클라라에게 슈만이란 존재는 무척이나 특별하게 다가왔다.

그럴 수밖에 없었다. 그동안 클라라의 주위에는 클라라를 돌봐 주던 하녀와 아버지 비크가 전부였다고 할 만큼 그녀는 철저히 격리된 세상 속에서 살았다. 다른 사람들과 어울릴 기회가 좀처럼 없었던 것이다. 그런 클라라 앞에 슈만이 등장했다.

하지만 슈만은 내성적이라 다른 사람에게 쉽게 다가설 수 있는 성격이 아니었다. 그 상대가 어린 소녀라고 할지라도 말이다. 클라라 역시 다른

사람들과 어울려 본 적이 없어서 사람과 친해지는 방법을 알지 못했다.

그러던 어느 날, 클라라가 매일 하는 산책에 슈만이 동행하게 되었다. 비크는 어린 딸을 혼자 산책 보내는 것보다 슈만이 옆에 있는 쪽이 훨씬 안심이 된다고 생각했기 때문이었다.

한동안 서로 말도 없이 묵묵히 걷기만 했지만, 하루 이틀 시간이 지나면서 둘은 조금씩 말을 할 수 있게 되었다.

내성적인 사람들은 쉽게 친해지기 어렵지만 한 번 가까워지면 무척이나 말이 많아진다. 슈만도 그랬다. 클라라와 대화를 하기 시작하면서부터 그녀에게 많은 이야기들을 들려주었다. 음악은 물론이고 사회, 문화와 문학에 이르기까지 다양한 주제들과 많은 지식들이 클라라의 귀로 흘러들었다. 그건 클라라에게 완전히 새롭고 즐거우며 경이로운 세계였다.

특히 클라라는 슈만이 들려주는 동화를 좋아했다.

"그래서요? 설마 백설공주가 죽은 건 아니죠? 그렇죠?"

클라라는 커다란 눈에 가득 눈물을 매단 채로 물었다.

"안타깝게도 독이 든 사과를 먹은 백설공주는 죽었단다."

"으아아앙~~! 싫어요! 백설공주가 죽으면 안 돼요! 엉엉~!!"

기어이 클라라가 울음을 터트렸다.

"이런! 이런! 나를 유괴범으로 만들 셈이군. 백설공주가 살 수 있는 방법이 없는 게 아니니 눈물을 거두렴."

슈만이 걸음을 멈추고 클라라의 눈물을 닦아 주며 말했다.

"어떻게요? 백설공주님을 어서 살려주세요, 네? 어서요!"

클라라가 눈물을 거두고 슈만을 바라보았다. 슈만은 그 모습이 무척이나 귀여웠다.

"이웃 나라 왕자가 죽은 듯이 누워 있는 백설공주를 보게 되었는데, 그 모습이 너무 아름다워 백설공주의 입술에 키스를 했단다. 그랬더니 죽은 듯이 누워 있던 백설공주가 눈을 뜨게 되었지. 그게 사랑이란다. 사랑엔 그런 기적 같은 힘이 있어서 불가능한 일도 가능하게 만들어 주지."

"사랑이라구요?"

순간, 클라라의 눈에는 슈만이 백설공주를 깨우는 왕자처럼 보였다. 언제나 클라라에게 새로운 세계를 보여 주는 슈만이 특별한 존재로 비치는 건 당연한 일일 것이다. 어쩌면 클라라의 가슴에 슈만이 왕자로 새겨진 것은 그때부터였는지도 모른다.

클라라는 슈만과의 산책을 기다리며 하루를 보내곤 했는데 어느 날부터 슈만의 모습이 더 이상 보이지 않았다. 슈만이 법률 공부를 위해 하이델베르크로 떠났던 것이다. 그는 음악을 시작하고 피아노를 배우고 있긴 했지만 어머니의 바람을 끝내 외면할 수 없었다.

슈만이 보이지 않자 클라라는 가슴에 구멍이라도 뚫린 것처럼 허전하고 쓸쓸했다.

'그동안 살아오면서 그와 함께 있을 때처럼 즐거웠던 적이 있었던가? 마음껏 웃고 떠들었던 적이 있었던가?'

하지만 클라라에겐 우울하게 지낼 여유가 없었다. 비크가 다른 지방에서 연주회를 열기 위해 클라라를 데리고 여행을 시작했기 때문이었다.

클라라가 연주 여행을 다니는 동안, 슈만은 법률 공부를 하기 위해 고심하고 있었다. 수없이 공부를 하기 위해 마음을 다잡았지만 도무지 공부가 눈에 들어오지 않았다. 피하려고 하면 할수록 음악은 더욱더 슈만의 머리를 가득 채웠다.

술에 취하기도 하고 여행을 다니기도 했다. 하지만 그 어떤 것도 음악에 대한 열정을 슈만에게서 뺏어가지 못했다.

일 년에 걸친 방황 끝에 슈만은 어머니와 마주 앉았다.

"죄송해요, 어머니! 그동안 무척이나 노력했지만 더 이상은 저도 어쩔 수가 없습니다! 음악을 하고 싶습니다!"

슈만의 말에 어머니는 놀라지 않았다. 올 것이 온 것 같은 기분이었다.

어머니는 사실 오래전부터 슈만이 가지고 있는 음악에 대한 열정과 재능을 잘 알고 있었다. 하지만 당시 음악가들은 유명한 몇몇을 제외하고는 대부분 생활이 궁핍했다.

그런 자식의 미래를 원하는 어머니는 없었다. 슈만의 어머니 역시 그가 안정적인 생활을 할 수 있는 법률가가 되기를 원했던 것이다. 하지만 슈만이 이토록 원한다면 반대할 수 없는 일이었다.

"그토록 원한다면 네가 하고 싶은 일을 해라. 하지만 로베르트. 이 어미에게 한 가지만 약속해다오. 꼭 유명하고 훌륭한 음악가가 되어다오."

"그럴게요. 약속할게요. 세상 사람들이 다 어머니의 아들 로베르트 슈만의 이름을 기억하도록 할게요."

마침내 슈만은 법률가가 되어야 한다는 압박에서 벗어나 온전히 음악에 모든 것을 투자할 수 있게 되었다. 마치 다리를 묶고 있던 사슬이 풀린 기분이었다. 음악에 대한 열정이 활화산처럼 터져 올라 붉게 타올랐다.

슈만은 아예 비크의 집으로 거처를 옮겨 피아노에 매달렸다.

그의 집념은 놀라운 것이었다. 그는 몇 시간 동안이나 피아노 앞에 앉아 피아노를 연습했다.

인간의 손가락 중에서 네 번째 손가락을 다루는 것이 가장 어려운 일이다. 다른 손가락들과 달리 마음대로 움직이기가 힘들기 때문이다. 슈만은 그런 약지를 수련하기 위해 공중에 줄을 연결해 약지에 걸고 피아노를 연습했다. 그것은 무척이나 위험한 일이었는데, 아니나 다를까 손가락에 치명적인 부상을 당하고 말았다. 더 이상 연주자로서 피아노를 치는 것이 불가능해진 것이었다.

오랫동안 꿈꿔 왔던 피아니스트를 포기해야 한다는 건 슈만에게 깊은 상처를 주었다. 하지만 한편으로 그것은 슈만에게 있어 전화위복하는 계기가 되었다. 연주를 할 수 없게 된 슈만은 작곡에 매달릴 수밖에 없었고, 이는 결과적으로 슈만에게 세계적인 작곡가로서의 명성을 갖게 해 주었다.

클라라가 오랜 연주 여행을 마치고 집으로 돌아온 것은 그녀의 나이 열세 살에 접어들 무렵이었다. 지난해부터 독일 전역에 걸친 공연을 시작한 비크는 파리에서의 공연을 새로 기획했다. 결국, 클라라는 비크와 함께 거의 두 달 이상을 파리에서 체류해야만 했다.

불편하기만 한 여관 생활, 기나긴 마차 여행에서 오는 피곤함과 낯선 환경, 낯선 사람들. 이 모든 것을 열두 살 소녀가 감당하기에는 녹록지 않은 것들이었다.

하지만 비크에게 연주 여행은 결코 포기할 수 없는 중요한 사업이었다. 클라라의 명성을 높이는 일이기도 했지만, 무엇보다도 공연 수익이 제법 짭짤하였기 때문이었다. 늦은 밤, 여관방에 앉아 그날의 공연 수익을 세는 일은 비크에게 크나큰 행복이었다.

파리에서의 공연을 계획한 것도 당연히 비크의 생각이었다. 파리는 늘 예술가들에게 꿈과 희망이 서린 도시였다. 따라서 클라라에게 파리에서의 성공은 피아니스트로 확고히 자리매김할 수 있음을 의미했다. 또한, 그에 따른 막대한 공연 수입 역시 비크에게는 결코 놓칠 수 없는 달콤한 열매와 같은 것이었다.

하지만 시기가 좋지 않았다. 당시 파리는 *프랑스대혁명이라 일컫는 시민혁명 이후, 정치적으로 매우 불안한 상태였다. 좁고 지저분한 파리의 거리, 병에 걸리고 굶주린 많은 거지들, 각종 보따리장수들과 노점 상인들의 모습은 비크 부녀가 그려 왔던 파리의 모습과는 거리가 멀었다.

거기다 마침 무서운 전염병인 콜레라가 번져, 연주회의 주요 고객이 되어야 할 상류 사회 인사들이 대부분 시골로 대피해 버렸다. 그 바람에 큰 재미를 보지 못한 채 비크 부녀는 고향으로 돌아오는 길을 택했던 것이다.

열두 살 클라라로서는 무척이나 고달픈 7개월의 연주 여행이었는데, 클라라는 그 과정 동안에 한 살을 더 먹었고 제법 키도 자라 한층 성숙한 소녀로 자랐다. 그리고 무엇보다도 피아노 연주 실력이 한 단계 더 도약했다.

프랑스대혁명 : 1789년 7월 14일에 시작된 프랑스 시민혁명으로, 하급 계층에 속했던 시민들이 자유와 평등을 부르짖었다. 이 사건은 전 세계의 시민들에게 엄청난 충격을 주었고, 그들이 새로운 국가를 만들 수 있도록 힘을 불어넣었다.

클라라를 태운 마차가 집과 가까워지자 클라라의 가슴은 무척이나 두근거렸다. 슈만을 볼 수 있을지도 모른다는 기대 때문이었다. 연주 여행을 다니는 동안 힘이 들 때마다 클라라는 슈만과의 행복했던 시간을 떠올렸다. 슈만이 들려주던 많은 이야기들이 귓가에 맴돌았고 그때의 기억들을 떠올리며 피아노 연습의 고단함을 잊곤 했다.

슈만은 이미 클라라의 마음속에 그립고 소중한 사람으로 자리 잡고 있었다. 비록 클라라의 나이는 열세 살, 아직 어린 소녀였지만 그녀는 이미 또래의 아이들에 비해 정신적이든 감정적이든 무척이나 성숙해 있었다.

그런 클라라의 마음을 아는지 모르는지 앞쪽에 앉아 있는 비크는 집으로 돌아오는 내내 표정이 휑하니 굳어 있었다. 파리에서 그리 쏠쏠한 재미를 보지 못한 것이 비크의 기분을 상하게 했던 것이다.

마차가 집에 도착했다. 클라라는 마차에서 내리기 무섭게 집으로 뛰어 들어갔다. 마침 피아노 소리가 들렸다.

"슈만 씨가 피아노를 치고 있어요."

클라라를 마중 나왔던 하녀가 클라라의 귀에 소곤거렸다.

클라라는 조심스럽게 피아노 소리를 따라 집 안으로 들어섰다. 귀에 들리는 선율은 클라라도 처음 듣는 것이었다. 형식이나 곡의 구성, 전개가 무척이나 아름답고 신비스러웠다.

그동안 주옥같은 곡들을 많이 연주해 온 클라라였지만, 새로운 그 곡을 들으며 그녀는 어떤 전율 같은 기쁨을 느꼈다.

클라라는 걸음을 멈췄다. 그녀의 눈앞에는 꿈에 그리던 슈만이 앉아 피아노를 연주하고 있었다. 피아노를 연주하던 슈만이 기척을 느꼈는지 연주를 멈추고 뒤를 돌아보았다.

클라라의 눈에 자신을 바라보며 미소를 짓는 슈만의 얼굴이 들어왔다. 그 순간 클라라는 숨이 멈추는 것 같은 느낌이었다.

"오, 클라라. 이제 돌아온 거로구나!"

"지금 그 곡을 로베르트가 작곡한 건가요?"

클라라는 입을 다물고 있으면 정신없이 쿵쾅대는 심장 소리를 들킬 것만 같아서 슈만에게 물었다.

"응. *「나비」라는 곡이란다."

"제가 연주해도 될까요?"

"물론 되고말고. 위대한 피아니스트인 클라라가 내 곡을 연주해 준다면 나로서는 더할 나위 없는 영광이겠지."

슈만이 피아노 앞에서 일어서며 말했다.

클라라가 슈만이 비켜 준 의자에 앉았다. 피아노에는 슈만이 만든, 아직 정리되지 않은 악보가 놓여 있었다.

슈만은 클라라가 「나비」를 연주하기에는 조금 어려울지도 모른다고 생각하였다. 어렵다는 건 기술적인 부분이 아닌 곡을 해석하는 능력을 말하는 것이었다.

이미 클라라는 정상급 피아니스트였다. 그런 그녀가 연주할 수 없는 곡은 거의 없었다. 다만, 곡의 성격을 어떻게 해석하느냐 하는 문제는 피아니스트마다 다를 수밖에 없었고, 때에 따라서 작곡가의 의도와는 완

작품 2 「나비」 : 슈만의 작품, 전 12곡의 제목이다. 그는 대학 시절에 작곡한 곡들과 어머니에게 음악 활동을 허락 받은 후 작곡한 다른 곡들을 묶어서 출판했다.

전히 다르게 해석하는 경우도 있었다.

클라라가 곡을 연주하기 시작했다.

한참 동안 피아노가 있던 거실 안이 소리를 매단 악보들로 가득 채워졌다. 그리고 마침내 연주가 끝났을 때 두 사람은 놀라움으로 한참을 멍하니 앉아 있었다.

직접 곡을 연주한 클라라는 슈만의 천재적인 작곡 능력에 부러움과 놀라움을 동시에 느꼈다. 또한 이런 사람을 가슴에 담고 있다는 뿌듯함이 밀려왔다.

슈만이 놀란 것은 클라라가 연주한 곡에 대한 해석 때문이었다. 사실 「나비」는 어린 소녀가 이해하기에는 어려운 내용이었다. 사랑과 이별 등 성숙한 감정을 담고 있는 곡이었다. 따라서 슈만은 어린 클라라가 그런 감정을 이해하기 어려울 것이라고 생각했던 것이다.

하지만 슈만의 예상은 너무도 쉽게 빗나가 버렸다. 「나비」를 작곡하면서 슈만이 생각했던 섬세한 감정들을 너무도 정확히 표현한 것에 놀라지 않을 수 없었다. 클라라는 더 이상 어린 소녀가 아니었다.

클라라가 여행에서 돌아온 지 얼마 되지 않은 어느 날, 그녀는 슈만의 고향 근처에서 연주를 하게 되었다. 그 연주회에 슈만도 함께 했고, 자연스럽게 클라라는 며칠 동안 슈만의 집에 머물렀다.

어느 날, 슈만의 어머니와 클라라가 2층 창가에서 다정하게 이야기를 하고 있었다.

"아주 어렸을 때 로베르트는 무척 개구쟁이였단다."

"정말요?"

"그런데 아버지가 돌아가시고 난 후부턴 말수가 부쩍 줄어들었지."

"그렇군요. 아! 저기를 보세요!"

때마침, 클라라는 멀리서 걸어오는 슈만을 발견했다. 슈만은 산책을 다녀오다 2층 창가에 있는 두 사람을 보고는 손을 흔들었다.

순간, 슈만의 어머니는 무슨 예감이 들었는지 열세 살의 클라라를 와락 껴안으며 속삭였다.

"클라라. 오, 클라라……. 언제든 우리 로베르트와 결혼해 주렴. 부탁할게……."

"……."

클라라는 아무런 대답도 할 수 없었다. 하지만 그 일은 클라라의 뇌리에 깊이 박혔고 평생 동안 이 순간의 묘한 감동을 잊을 수가 없었다.

클라라는 무척이나 슈만을 따랐다. 집에 있을 때면 거의 모든 시간을 슈만과 함께 보냈다. 슈만을 위해 피아노를 연주했으며 슈만의 팔짱을 끼고 산책을 하였다.

그동안 비크는 클라라와 슈만의 관계에 대해서 안심하고 있었다. 하지만 변화되어 가는 그들의 모습들은 그의 신경을 조금씩 거슬리게 했다. 아직은 클라라가 어리지만 좀 더 자라면 사랑으로 발전할지도 모를 일이었다. 그런 생각이 들자 비크는 눈앞이 시커멓게 변하는 기분이었다.

"안 되지! 암!! 절대로 그놈에게 클라라를 줄 수는 없지! 그렇고말고! 그런 일은 있을 수가 없어!!"

비크는 단호했다. 도저히 클라라의 상대로 슈만을 인정할 수가 없었던 것이다.

하지만 사실 슈만이 클라라의 상대로 터무니없는 건 아니었다. 그가 큰 부자는 아니지만 그렇다고 가난하지도 않았다. 손가락을 다쳐 피아니스트가 될 수는 없었지만 작곡 능력이 뛰어났기 때문에 장차 음악가로서 명성을 떨칠 가능성도 있었다. 뿐만 아니라 이미 음악 평론으로도 실력을 인정받고 있었다.

이 정도면 클라라의 상대로 충분히 어울릴 수 있었지만 비크가 단호하게 된 데에는 결정적인 이유가 있었다.

한밤중이었다. 지독한 갈증에 비크가 눈을 떴다. 침대맡에 놓인 컵에 물을 따르던 비크는 희미하게 들리는 피아노 소리에 신경을 곤두세웠다.

비크는 자신의 방을 나와 피아노 소리가 나는 곳을 따라갔다. 소리는 바깥채의 피아노 교실에서 들리는 소리였다.

간간이 들리는 피아노 소리와 함께 서로 다른 목소리도 섞여 있었는데, 때로는 서로 고함을 지르기도 했다. 처음 듣는 목소리에 의아한 표정을 짓는 비크는 창문 너머로 교실 안을 바라보았다.

피아노 근처에는 전등불이 켜져 있었고, 피아노 앞에 한 사람이 앉아 미친 듯이 피아노를 치고 있었다. 그건 슈만이었다.

"닥쳐! 네가 뭘 알아? 난 할 수 있어! 이깟 피아노 따위는 아무것도 아니란 말이다!"

꽈꽝!

미친 듯이 피아노를 치던 슈만이 건반을 내려치며 소리쳤다.

"흥! 그깟 고장 나 버린 손가락으로 피아노를 칠 수 있다구? 하하하하! 넌 이제 끝난 거야! 아직도 모르겠어?"

다른 목소리가 들렸다. 하지만 분명 교실에는 슈만 혼자뿐이었다.

그것은 또 다른 슈만이 내는 목소리였다. 즉 슈만 혼자서 서로 다른 목소리로 대화를 하고 있었던 것이다.

"아니야! 난 끝나지 않았어! 듣고 싶어?"

슈만이 소리를 지르고는 미친 듯이 피아노를 쳤다. 그 광폭한 모습은 창문 너머로 몰래 보고 있는 비크에게 무척이나 충격적이고 섬뜩하게 다가왔다.

"하하하하! 그 정도로 피아니스트가 되겠다고? 하하하하!"

"꺼져! 내 앞에서 사라지란 말이다!"

꽈꽈꽈꽝!!

슈만은 양쪽 주먹으로 피아노를 부숴 버릴 듯이 내려쳤다.

그 모습을 보고 있던 비크는 차마 교실 안으로 들어설 수가 없었다. 무서웠던 것이다. 저건 분명 정신분열증이었다. 비크는 그렇게 생각했다.

한참 미친 듯이 소리를 지르고 광폭하게 피아노를 내려치던 슈만이 교실 밖으로 나오려는 기미가 보이자 비크는 서둘러 자신의 방으로 되돌아왔다.

방 안으로 들어선 비크의 온몸이 부들부들 떨리고 있었다. 그런 미치광이의 모습을 너무도 생생히, 그렇게 가까이에서 본 것은 처음이었던 것이다.

하지만 다음 날 아침에 본 슈만은 다른 날과 똑같은 모습이었다.

"편안히 주무셨습니까, 교수님. 좋은 아침입니다."

"어? 어…… 그래. 좋은 아침이군."

비크는 짐짓 아무 일도 없었던 듯이 대답했다. 그리고 그길로 서둘러 친구인 슈로더를 찾아갔다.

그는 슈로더에게 어젯밤 보았던 믿기 힘든 슈만의 행동에 대해 말했다. 그러면서 슈만을 집에서 내보낼 계획임을 밝혔다.

하지만 슈로더는 고개를 저으며 말했다.

"음……. 내 생각엔 슈만을 내보내는 것은 좋은 생각이 아닌 것 같군."

"어째서? 슈만 그 녀석은 정신병자일세!"

"아직 확실한 것도 아니지 않은가? 게다가 이미 슈만에게서 일 년치 수업료를 받았는데 내쫓는다면 자네의 평판이 무척 나빠질 게야. 물론 슈만에게 수업료도 일부 돌려줘야 하고 말이야."

슈만에게 돈을 돌려줘야 한다는 생각에 이르자, 비크는 생각을 고쳐먹지 않을 수 없었다. 이미 자신의 호주머니 속으로 들어온 돈을 다시 꺼내 되돌려 준다는 것은 비크에게 죽기보다 싫은 일이었다.

슈로더는 한마디 덧붙였다.

"언젠가 또 슈만이 발작을 한다면 자네뿐만 아니라 다른 사람도 모두 볼 수 있도록 하게. 그래야 그가 정신병자라는 것을 증명할 수 있지 않겠나. 그렇게 되면 그걸 핑계로 그를 내쫓는다 해도 아무도 뭐라고 하지 못할 걸세."

"증거를 잡으란 말이로군."

비크는 사악한 웃음을 지으며 말했다.

그때부터 비크는 슈만의 발작을 잡기 위해 많은 노력을 했다. 하지만 좀처럼 그때처럼 발작하는 슈만의 모습을 잡을 수가 없었다.

비록 증거를 확보하는 데는 실패했지만 슈만에게 정신병이 있다는 것을 비크는 분명하게 믿고 있었다. 보석과도 같은 클라라가 그런 슈만과 결혼한다는 것은 생각만으로도 끔찍한 일이 아닐 수 없었다.

비크는 고민스러웠다. 아직은 클라라가 결혼하기에 어린 나이지만 앞으로 어떻게 될지 몰랐다. 그는 지금부터 미리 관리하는 게 중요하다고 생각한 끝에 클라라를 자연스럽게 슈만에게서 떼어 놓을 계획을 세웠다. 클라라를 드레스덴으로 보내는 것이었다.

"그것만으로는 충분치가 않아."

그럼에도 불구하고 비크는 확실히 클라라의 마음속에서 슈만을 지워 버릴 수 있는 방법을 찾아 고민했는데 한 가지 비책이 비크의 뇌리를 스쳤다.

"오! 바로 그거야! 그거라면 클라라도 슈만을 포기할수 밖에 없게 될 게야!"

비크는 당장 자신의 계획을 실행에 옮겼다. 그 계획의 핵심은 미모의 여성을 문하생으로 받아들이는 것이었다.

프리켄 남작에게는 에르네스티네라는 딸이 있었다. 클라라보다 세 살 많은 성숙한 그 여인은 하얀 피부와 눈부신 금발의 미모를 물씬 풍겼다.

그녀는 몇 달 전에 피아노를 배우겠다고 비크를 찾아온 적이 있었으나 워낙 소질이 없어 돌려보낸 적이 있었다. 하지만 생각을 바꾼 비크는 에르네스티네에게 사람을 보내 제자로 맞고 싶다는 뜻을 전했다. 그러자

그녀는 득달같이 비크의 학교로 달려왔다. 에르네스티네는 자신의 소질과는 상관없이 비크에게 교습을 받으면 피아니스트가 될 수 있다고 믿는 여성이었다.

비크는 시간이 없다는 핑계를 내세우며 재능이 없는 에르네스티네의 피아노 교습을 슈만에게 맡겼다. 그사이 슈만과 에르네스티네는 서로 호감을 느끼게 되었고 곧 사랑에 빠졌다. 어쩌면 그건 너무도 당연한 일이었다.

활짝 핀 장미처럼 이제 여인의 문턱에 들어선 미모의 에르네스티네는 슈만의 시선을 끌 수밖에 없었다. 게다가 에르네스티네가 적극적으로 슈만에게 다가서자 그의 마음 역시 불타는 촛불처럼 타올랐다.

비록 재능은 없었지만 늘 피아니스트를 꿈꾸는 에르네스티네의 눈에 슈만은 무척이나 위대해 보였다. 슈만의 해박한 지식과 문학적인 감수성이 더해진 지성, 거기다 도저히 흉내 낼 수 없는 작곡 능력은 에르네스티네에게 꿈만 같았다.

"오……, 에르네스티네. 들어 보아요. 당신을 생각하면서 만든 곡이에요."

"정말이에요? 정말 나를 생각하며 만든 곡이에요?"

"그렇고말고요! 나에게는 눈을 뜨고 있는 모든 시간이 당신을 생각하는 시간이에요! 아니 꿈속에서도 난 당신을 만나죠."

슈만이 피아노를 치기 시작했다. *작품 8 「알레그로」였다.

그것은 숨이 막히도록 아름다운 멜로디를 가진 곡이었고 사랑에 빠진

작품 8 「알레그로」: 슈만이 어머니의 허락을 받고 본격적으로 음악가의 길에 접어들 무렵, 1831년에 이 작품을 작곡했다. 아주 자유로운 형식을 띠는 이 곡은 기본적으로 고전적인 소나타의 형태를 따르고 있다. 1835년에 라이프치히에서 출판되기도 한 이 작품은 에르네스티네에게 헌정되었다.

슈만의 마음이 그대로 드러난 작품이었다.

에르네스티네는 기쁨에 겨워 피아노를 치고 있는 슈만의 뒤에서 그를 껴안으며 속삭였다.

"사랑해요. 영원히 당신을 사랑할 거예요."

아직 성숙하지는 않았지만 두 사람이 사랑에 빠진 모습을 보는 클라라는 무척이나 이상한 기분이 들었다. 가슴 한쪽이 아프고 무언가 허물어지는 것 같은 느낌이었다.

슈만이 자신이 아닌 에르네스티네에게 다정한 눈빛과 목소리로 속삭이는 것을 볼 때마다 불같은 무언가가 치밀어 올랐다. 그건 질투였다. 클라라는 자신도 모르는 사이에 슈만을 마음 깊이 사랑하고 있었던 것이다.

그즈음, 비크는 바로 기다렸다는 듯이 클라라를 드레스덴으로 보내 버렸다. 그런 아픔을 통해서 클라라가 슈만을 지워 버릴 수 있을 것이라고 계산했던 것이다.

결국 이 모든 것이 비크의 계획이었다.

슈만의 무관심 속에서 드레스덴으로 떠나는 클라라. 비크는 그녀를 태운 마차를 보내며 예의 그 비릿한 미소를 지었다.

클라라가 드레스덴으로 떠날 때까지만 해도 비크의 계획은 성공으로 끝난 것 같았다. 하지만 사람의 마음은 도저히 계산으로 맞춰질 수 있는 게 아니다. 특히 사랑하는 마음은 사랑을 하고 있는 당사자조차도 통제할 수 없는 것이었다.

슈만과 떨어져 지내야 하는 클라라의 마음은 무척이나 고통스러운 것이었다. 나이에 비해 감정적으로 성숙했던 클라라는 슈만을 무척 그리워했다. 또한 초조하고 불안해했다. 비크의 계산과는 달리 고통 속에서도 슈만에 대한 사랑이 더욱 커졌던 것이다.

클라라는 그런 마음을 편지로 써서 슈만에게 보냈지만 슈만의 관심은 오직 에르네스티네였다. 그는 오로지 그녀에게만 집중되어 있었다.

종종 이런 젊은 날의 폭풍 같은 사랑이 걸작을 탄생시키곤 하는데, 슈만 역시 그랬다. 슈만의 걸작인 *작품 9「사육제」와 *작품 13「교향적 연습곡」은 이때 작곡된 것이었다.

드레스덴에서 지내던 클라라가 자선 음악회에 출연하기 위해 집으로 돌아왔다. 그때 에르네스티네는 클라라에게 자신의 손가락에 낀 반지를 보여 주며 말했다.

"이게 뭔지 아니, 클라라?"

클라라는 동그랗게 눈을 뜨며 에르네스티네가 손가락에 낀 반지를 바라보았다. 크고 아름다운 진주가 박힌 반지였다. 클라라는 불길한 느낌이 들었다.

"놀라지 마, 클라라. 사실은 로베르트가 내게 이 반지와 함께 청혼을 했거든!"

작품 9「사육제」: 1835년에 탄생한 이 곡은 한때 사랑했던 에르네스티네에 대한 슈만의 그리움이 절절히 나타나 있다. 낭만주의의 걸작이라고 평가받는 슈만의 대표작이다.

작품 13「교향적 연습곡」: 손가락을 다쳐서 더 이상 피아노를 칠 수 없는 슈만이 작곡과 음악평론에 전념할 무렵, 1834년에 작곡했다. 피아노 연주로 관현악의 선율을 표현하려고 한 작품이다. 에르네스티네의 아버지 프리켄 남작의 환심을 사기 위해 그를 주제로 만들었지만 결국 소용이 없었던 셈이었다.

순간, 풍선에서 바람이 빠지듯 클라라의 몸에서 모든 힘이 사라지는 느낌이었다. 반지를 보는 순간 느꼈던 불길한 느낌이 적중했던 것이다.

"축하해요, 에르네스티네……."

클라라는 있는 기운을 모두 짜내 간신히 말했다.

"그와 결혼하게 되면 클라라 네가 꼭 피아노를 연주해 줘야 돼, 알았지?"

당장이라도 결혼할 것처럼 들떠 있는 에르네스티네를 뒤로하고 클라라가 자신의 방으로 들어섰다.

탁, 방문이 닫히자 익숙했던 방 안의 풍경은 클라라의 눈에 들어오지 않았고 폭풍처럼 눈물이 터져 나왔다.

"아아앙~~~!"

클라라는 한참 동안을 소리 내어 서럽게 울었다.

이제 더 이상 슈만을 볼 수 없을 것만 같았다. 그가 없는 아득한 앞날과 아픔을 견딜 수가 없어서 폭우 같은 눈물을 쏟아 냈던 것이다.

그 아픔이 하늘에 전달된 것인지 상황이 묘하게 흐르기 시작했다. 에르네스티네의 아버지가 딸이 슈만과 사랑에 빠진 것을 알고 그녀를 아슈 지방으로 데리고 가버렸던 것이다. 졸지에 에르네스티네를 잃은 슈만은 큰 충격에 빠진 채 방황했다.

거기다 슈만이 많이 따르고 좋아했던 친형과 형수가 갑작스럽게 사망하자 슈만은 정신적으로 상당히 불안한 상태에 빠져버렸다. 하루 종일 방 안에 틀어박혀 죽음의 공포에 시달렸고 심각한 우울증에 빠져들었다. 그런 슈만의 고통을 보는 것은 클라라에게도 무척이나 힘겨운 것이었는데 자신이 아무런 위로도 되지 못한다는 것이 그녀에게는 더 큰 절망이었다.

비크는 자선 음악회가 끝나기 무섭게 클라라를 데리고 연주 여행을 떠났다. 5개월에 걸친 여행이었다. 그 연주 여행은 클라라에게 이전의 그 어떤 여행보다도 힘겨운 여행이었다. 괴로워하는 슈만의 모습이 늘 떠올랐기 때문이었다.

그동안 슈만도 고통스런 나날 속에서 힘겨운 하루를 보내고 있었는데 그 고통이 에르네스티네와의 사랑 때문만은 아니었다. 그녀가 갑작스럽게 떠나버리고 난 후 정신이 아득할 만큼 괴롭고 고통스러웠던 것은 사실이었지만 어느 정도 시간이 흐르자 고통은 사라진 것 같았다. 지독한 독감에서 나은 것처럼 말이다.

물론 에르네스티네를 잊은 건 아니었다. 어느 날은 너무도 그리워서 그녀가 살고 있는 아슈까지 찾아갔다.

슈만의 눈앞에 에르네스티네가 나타났다. 늘 그리워하던 모습 그대로였다.

"오오……, 로베르트. 보고 싶었어요. 늘 당신이 그리워서 눈물로 하루하루를 보냈답니다."

슈만을 본 에르네스티네가 눈물을 글썽이며 말했다.

"우리에게 정말로 기쁜 소식이 있답니다, 로베르트! 아버지가 드디어 우리의 결혼을 허락했어요. 당신이 집으로 와 청혼을 한다면 우리는 결혼을 할 수 있답니다!"

"그게 정말이오, 에르네스티네?"

"오실 거죠?"

"물론이오! 내일이라도 당장 당신의 집으로 가서 청혼을 할 것이오!!"

하지만 슈만은 에르네스티네의 집으로 가지 않았다. 도무지 슈만은 스스로도 그녀의 집에 가지 않은 이유를 알 수 없었다. 늘 원해 왔던 에르네스티네와의 결혼이었다.

수많은 불면의 밤들……. 고통, 고뇌, 불안, 초조.

이 모든 치열했던 감정들 속에서 유일한 탈출구라고 생각했던 그녀와의 사랑이 갑작스럽게 땅이 꺼지듯이 사라져 버렸다. 결국, 슈만은 아무 일도 없었던 것처럼 에르네스티네에게 말 한 마디 없이 그곳을 떠나버렸다.

어찌 보면 참으로 어처구니없는 극적인 감정 변화였다. 그만큼 슈만의 정신 상태가 불안하다는 것을 증명하는 것이었다.

클라라가 슈만을 다시 보게 된 것은 5개월 동안의 연주 여행을 마치고 돌아온 며칠 후였다. 그때 클라라의 나이는 열여섯 살. 몸과 마음에서 완연한 숙녀의 느낌이 흐르기 시작했다.

클라라는 악보를 꺼내기 위해 비크의 서재에 들렀는데 그곳에서 슈만이 비크와 이야기를 하고 있었다.

그립고 그립던 얼굴. 단 한순간도 잊어 본 적이 없는 그 얼굴을 보자 클라라는 눈물이 핑 돌았다. 무엇보다도 슈만의 얼굴이 퀭할 정도로 여윈 것이 무척이나 가슴이 아팠다.

그런 클라라의 마음을 아는지 모르는지 슈만은 야속하게도 클라라에게 눈길 한 번 주지 않았다. 하지만 그건 클라라만의 생각이었다.

사실 슈만은 클라라가 서재로 들어오는 모습을 보고 깜짝 놀랐다.

머리끝에서 발끝까지 모든 것이 예전과는 전부 달라 보여서 클라라가 아닌 다른 사람을 보는 것 같았다. 그럴 수밖에 없었다. 그동안 슈만의

머릿속에 있던 클라라의 모습은 어린 소녀에서 멈춰 있었기 때문이었다.
그런데 슈만이 폭풍 같은 사랑을 겪는 동안에 클라라도 나이를 먹으며 성장하고 있었던 것이다. 그녀는 더 이상 어린 소녀가 아니었다. 슈만은 서재로 들어오는 클라라를 보며 분명히 그 사실을 깨달았던 것이다.
클라라는 슈만을 다시 보고 난 후 얼마 지나지 않아 슈만과 에르네스티네의 사랑이 끝났음을 알게 되었다. 클라라는 슈만에게 편지를 보냈다.

늘 그리운 로베르트.
저는 지금 무척이나 복잡한 기분이랍니다. 당신이 겪은 상실에 대하여 어떻게 반응해야 하는 건지……. 다만 지금 분명히 말할 수 있는 것은 전 늘 당신 편이고 당신 곁에 있고 싶다는 것입니다.

길게 이어진 클라라의 편지에는 슈만을 걱정하고 슈만의 곁에 있고 싶은 클라라의 마음이 진실하고 솔직하게 적혀 있었다.
슈만도 클라라에게 답장을 보냈다.

사랑스러운 클라라.
그동안 당신의 편지에 답을 하지 않은 나를 용서해 주오.
그동안 당신을 잊고 지낸 것을 용서해 주오.
당신의 따뜻한 마음과 나에 대한 오랜 염려를 외면한 것을 용서해 주오.
지금에야 당신을 보게 된 것을 용서해 주오.

　슈만은 클라라의 존재가 지금 자신에게 얼마나 큰 위안과 행복을 주는지에 대해서 솔직하게 고백했다. 그건 단지 클라라가 듣기 좋도록 하는 말이 아니었다.

　실제로 슈만은 무척이나 평온했다. 마치 극심한 독감을 앓고 난 사람처럼 그동안 불안했던 정신 상태도 말끔히 가라앉아 있었다. 덕분에 슈만은 작곡에 열중할 수 있었고 새로운 음악 잡지도 창간하였다.

　클라라와 슈만 사이에 많은 편지들이 오갔는데 그것은 갑작스러운 일이 아니었다. 둘은 오래전부터 서로 떨어져 있을 때면 편지를 자주 주고받으며 많은 이야기를 하곤 했었다.

　일상의 시시콜콜한 이야기부터 음악이나 연주에 대한 전문적인 이야기까지 다양한 주제들이 펼쳐졌다. 알고 보면 둘은 오랜 세월의 퇴적 작용을 거친 암석처럼 많은 감정들을 쌓아 왔던 것이다.

　바로 그해 *멘델스존이 *게반트하우스 교향악단의 지휘자로 라이프치히에 왔는데, 슈만과는 오래전부터 알고 있는 사이로 서로의 음악을 존중하고 있었다.

　그리고 그들 사이에서 이미 유명한 피아니스트였던 클라라가 초대된 것은 너무도 자연스러운 일이었다.

멘델스존 : 1809년 독일 함부르크의 부유한 가정에서 태어난 낭만파 작곡가. 대표작은 「한여름 밤의 꿈」이 있다.
게반트하우스 : 독일 작센 주 라이프치히에 있는 음악당으로, 게반트하우스 오케스트라가 연주를 해 왔으며 멘델스존 같은 세계적인 음악가들도 이곳에서 활약했다. 클라라도 어렸을 적 이곳에서 첫 연주회를 가졌다.

틈만 나면 세 사람은 함께 어울려 음악을 연주하고 토론하곤 하였는데, 클라라에게 그 시간들은 너무도 행복한 순간이었다. 멘델스존과 슈만이 클라라를 최상급의 연주자로 존중해 주었고 무엇보다 슈만과 함께 할 수 있다는 것이 클라라를 기쁘게 하였다.

한 번은 *쇼팽이 멘델스존을 만나기 위해 라이프치히에 들렀다. 그 자리에 멘델스존과 절친한 슈만과 클라라가 함께 하였다.

슈만이 이미 몇 년 전에 쇼팽의 연주를 본 적이 있었다. 그때만 해도 쇼팽은 사람들에게 많이 알려지지 않았었다. 슈만은 그런 쇼팽에 대해 다음과 같은 평론을 음악 잡지에 실었다.

"모자를 벗으십시오! 천재입니다!"

한편, 클라라를 보게 된 쇼팽은 무척이나 간절한 표정으로 한 가지 부탁을 했다.

"한 번만 제게 클라라 양의 피아노 연주를 들을 수 있는 영광을 주시지 않겠습니까?"

쇼팽은 이미 클라라에 대한 명성을 알고 있었고 언젠가 가까이서 클라라의 연주를 듣고 싶다는 희망을 가지고 있었다. 드디어 기회가 온 것이었다.

"얼마든지요."

클라라는 망설임 없이 대답했다.

쇼팽 : 1810년 폴란드 바르샤바에서 태어난 작곡가이자 피아니스트. 시대를 앞서 나가는 형식의 피아노곡을 많이 남겼다. 후세의 피아노 연주법에 많은 영향을 끼친 인물이다.

　이미 피아노의 대가로 명성이 자자했던 쇼팽 앞에서 연주를 하는 것이기에 그의 명성에 기가 죽을 수도 있었지만 그녀는 전혀 개의치 않았다.
　"제가 가장 존경하는 로베르트의 피아노 소나타예요."
　클라라가 슈만의 곡을 연주하였다. 그리고 그 곡이 끝나자 쇼팽의 *협주곡도 연주하였다.
　"오오! 제가 들은 명성이 거짓이 아니었군요! 제게 새로운 세계를 보여 주셔서 진심으로 감사드립니다!"
　클라라의 연주가 끝나자 쇼팽은 감탄에 젖은 목소리로 말했다. 그리고는 클라라의 연주에 대한 답례로 자신의 새로운 작품인 *「야상곡」을 연주하였다. 무척이나 기막히고 절묘한 피아노 선율이었다.
　그런데 연주를 끝낸 쇼팽이 클라라에게 놀라운 부탁을 하였다.
　"저의 연주를 들으셨으니 클라라 양은 분명히 제 연주의 약점을 파악하셨을 겁니다. 그걸 제게 이야기해 주십시오."
　쇼팽 같은 뛰어난 연주자가 자신의 약점을 클라라에게 물었던 것이다. 클라라는 손을 내저으며 말했다.
　"약점이라니요? 전 그런 이야기를 할 자격이 없어요."
　"그렇지 않습니다. 그저 클라라 양이 느끼신 바를 솔직히 이야기해 주시면 안 되겠습니까? 부탁드립니다."
　쇼팽은 너무도 진지하고 성의 있게 부탁하였다.

협주곡 : 기교가 뛰어난 한 명 또는 여러 명의 독주자들이 관현악단과 함께 연주하는 형식.
「야상곡」 : 녹턴이라고도 하는 이 작품은 낭만파 시대에서 주로 피아노 연주를 위해 작곡된 소곡이다. 쇼팽뿐만 아니라 프랑스 작곡가 드뷔시와 독일 작곡가 멘델스존의 곡도 있다.

"음……. *포르테를 칠 때 몸을 앞으로 굽혀서 상체를 이용하시는 점과 *피아니시모의 절묘함에 비해 *루바토는 조금 과장된 것 같아요."

쇼팽에게서 진정성을 느꼈는지 클라라는 조심스럽게, 그러나 분명하게 말했다.

"클라라 양의 분석은 저를 가끔씩 괴롭히던 것들이었습니다. 이것으로 제가 수정해야 할 것들이 분명해진 셈입니다. 가슴 깊이 새겨 두겠습니다."

그것은 쇼팽의 진심이었다. 그가 늘 불안하게 생각하던 부분을 클라라는 정확하게 짚었던 것이다.

클라라의 분석은 슈만에게도 적지 않은 충격을 주었다. 새삼 클라라의 음악적 깊이를 알게 해 주었기 때문이었다. 이미 클라라는 연주뿐만 아니라 음악적인 분석과 해석에도 일류였던 것이다.

음악적으로 서로 인정한다는 것은 클라라와 슈만의 관계에 있어서 무척이나 중요한 의미가 있었다. 그것은 그들이 모든 면에서 함께 할 수 있는 상대가 되었다는 것을 뜻했다.

두 사람은 서로에게 서서히 스며드는 애정을 느꼈고, 동시에 음악의 동반자임을 확인했다. 하지만 좀처럼 그들의 관계는 앞으로 나아가지 못했다. 서로의 가슴에 표현할 수 없는 무수한 감정들만 가득 품은 채로 멈춰 있는 상태였다.

그들은 종종 멘델스존과 함께 어울리다가, 밤이 되어 슈만이 클라라를

포르테 : 악보에서 세게 연주하라는 음악 용어로 기호 'f'를 쓴다.
피아니시모 : 악보에서 매우 여리게 연주하라는 음악 용어로 기호 'pp'를 쓴다.
루바토 : 형식적인 틀에서 벗어나 자유로운 감정을 표현하라는 의미로, '템포 루바토'라고도 한다.

집으로 바래다주면서도 그는 별다른 감정을 드러내지 않았다. 시리도록 푸른 달빛 아래, 둘이서 밤길을 걸을 때마다 쿵쾅거리는 클라라의 가슴을 모르는 양 슈만은 그녀와 우정과 사랑 사이에서 멈춰 있었다.

살짝만 건드려도 폭발할 것 같은 시한폭탄 같은 감정만 계속 이어지고 있었고, 째깍거리며 시계는 어김없이 움직이고 있었다.

그 기묘한 평온이 이어지던 어느 날이었다. 그날은 클라라가 연주 여행을 떠나기 전날 밤이었다. 이미 여러 날 전부터 슈만은 그 사실을 알고 있었지만 클라라를 집으로 데려다 주면서도 별다른 말이 없었다. 그날도 클라라는 멘델스존, 그리고 슈만과 함께 음악에 대한 이야기를 하다가 평소보다 조금 이른 시간에 살롱을 나왔다. 이미 꾸려 놓은 여행용 짐을 살펴보기 위해서였다. 슈만이 클라라를 따라 나왔다.

희미하게 달빛이 거리를 비추고 있었다. 한동안 슈만을 보지 못한다는 사실에 클라라의 마음은 무척이나 무거웠다.

"클라라……."

슈만의 목소리에 클라라가 고개를 돌렸다.

슈만은 한 걸음 뒤쪽에 멈춰서 클라라를 바라보고 있었다. 희미한 달빛에 클라라의 얼굴이 시리도록 창백해 보였다. 순간, 슈만은 울컥하는 복받침을 느꼈다. 갑자기 클라라에 대한 열정이 터져 나온 것이다.

슈만은 와락 클라라를 껴안았다.

"사랑하오. 사랑하오, 클라라……."

연주 여행을 떠나면 오랫동안 클라라를 보지 못할 거라는 생각이 그의

가슴속에 차오르자, 마침내 사랑의 시한폭탄이 터져 버린 것이다.

슈만의 품에 안긴 클라라는 온몸에서 기운이 쭉 빠져나가는 것 같았다. 그것은 아득하도록 황홀한 기쁨이었다.

"사랑해요. 사랑해요……. 제 목숨보다도 더 당신을 사랑해요……."

우리 이대로 사랑하게 해 주세요!

"지금 무슨 소리를 하고 있는 거야? 뭐가 어쩌고 어째? 클라라와 결혼을 하고 싶다고? 꺼져! 당장 내 집에서 사라져!"

비크가 슈만에게 불같이 화를 내며 소리를 질렀다. 뿐만 아니었다.

"클라라를 당장 내 앞에 데리고 와!"

비크의 호통에 하인이 얼른 클라라를 서재로 데리고 왔다.

"지금 로베르트가 기가 막힌 말을 하는데 그게 사실이더냐?"

"예, 아버지! 저는 로베르트를 사랑합니다!"

"사랑! 사랑이라고? 네가 지금 사랑이라는 말을 쓸 수 있는 나이라고 생각하느냐? 그런 생각은 집어치워! 앞으로는 절대 슈만과 만나서도, 편지 따위를 주고받아서도 안 된다! 알겠느냐?"

비크의 격렬한 반응은 슈만을 몹시도 당황스럽게 만들었다.

슈만은 비크가 자신을 인정하고 있다고 생각했다. 따라서 비크에게 결

혼 승낙을 받는 것은 조금도 어려운 일이 아닐 것이라고 생각했기에 당당하게 이야기를 했던 것이다.

물론 비크는 슈만을 어느 정도 인정하고 있었다. 하지만 그건 오직 음악에서만 그런 것이었다. 클라라의 남편감으로는 전혀 꿈에도 생각하고 있지 않았다. 더구나 비크는 아무도 모르는 슈만의 비밀을 알고 있지 않은가!

"너는 나와 함께 드레스덴으로 갈 것이니 방으로 가서 당장 짐을 싸라!!"

비크는 클라라에게 강제적으로 명령을 하고는 벌떡 자리에서 일어섰다. 그리고 슈만을 뚫어질 것 같이 노려보며 말했다.

"다시는 자네를 보는 일이 없었으면 좋겠네! 내 말을 명심하게. 알겠나?"

이는 슈만과의 모든 인연을 끊겠다는 말이었다.

전혀 예상치 못한 비크의 강한 반대에 부딪힌 슈만은 다소 얼떨떨한 기분으로 집에 돌아왔다. 답답한 가슴만 움켜쥐다가 슈만은 뜬눈으로 밤을 새웠다. 도무지 비크의 반대를 이해할 수도 없었고 받아들일 수도 없었던 것이다. 도대체 자신이 어디가 모자란 것인가?

날이 밝자 슈만은 비크의 집으로 달려갔다. 막 클라라와 비크를 태운 마차가 드레스덴으로 떠나려던 참이었다.

슈만이 마차를 막아섰다. 그건 한편으로 무척이나 놀라운 일이었다. 내성적이어서 자기 의견을 잘 표현하지 않는 슈만이었다. 그토록 단호하게 자신을 반대한 비크와 정면으로 마주 선다는 것은 그에게 커다란 용기가 필요한 일이었다.

문을 열고 마차에서 내린 비크가 꽉 입을 다문 채 차가운 시선으로 슈만을 바라보았다. 그의 시선은 정면으로 마주해 본 사람이 아니면 아무도 모를 것이었다. 얼마나 차갑고 섬뜩한지 말이다. 슈만은 순식간에 온몸이 얼어 버릴 것 같은 느낌이 들었다.

"다시 볼일이 없었으면 좋겠다고 분명히 말했을 터인데?"

비크의 낮은 목소리에는 전혀 타협하지 않을 것이라는 의지가 더해졌다.

잠시 얼어 버린 듯이 서 있던 슈만은 자신이 가진 모든 용기를 짜내고 짜내어 말했다.

"마……, 말해 주십시오. 어째서 제가 클라라의 상대가 될 수 없는 것인지……."

내심 슈만이 아무 말도 못하고 사라질 거란 예상이 빗나갔는지 비크는 잠시 대답이 없었다. 잠시 슈만을 바라보다가 그의 앞으로 한 걸음 다가섰다. 그 무시무시한 공포심이란!

슈만은 오금이 저려 바닥에 털썩 주저앉을 것 같은 자신을 필사적으로 붙들면서 버티고 있었다. 여기서 주저앉는다면 평생 클라라를 다시 볼 수 없을 것 같다는 절박함이 그를 버티게 만들었다.

"왜냐고 물었나? 스스로 그걸 모른단 말인가? 그렇다면 그 이유를 분명하게 말해 주지. 자네의 창조성은 인정하고 있어. 허나 무책임하며 몽상적이고 낭비가 심하지 않은가!

그리고 자네의 그 창조성이란 것도 따지고 보면 피아노곡과 가곡이 전부가 아닌가? 그건 큰 작품을 쓸 만한 소양이 없다는 뜻이겠지. 즉, 자네의 한계가 거기까지라는 거야. 그것만으로는 한 가족을 부양할 수 없지 않은가? 더구나 손가락을 다쳐 피아노 교수를 할 수도 없지! 도대체 자

네를 인정할 무엇이 있단 말인가!"

　비크의 독설은 슈만의 현재 상태에 대한 몹시도 냉정한 평가였지만 정확한 평가이기도 했다.

　"그렇다면 앞으로 내 딸의 피아노 연주 수입으로 빌붙어서 살아가겠다는 뜻이 아닌가? 난 자네를 먹여 살리려고 내 사랑스러운 딸에게 피아노를 가르친 게 아니야!"

　비크의 거침없는 말 앞에서 슈만은 한없이 초라해졌다. 반박할 말이 없었다. 슈만은 어깨를 축 늘어뜨린 채 멀어져 가는 마차를 바라보았다.

　마차 안에서 클라라는 고개를 돌려 슈만의 모습을 바라보았다. 멀어져 가는 그의 모습을 바라보며 클라라의 눈에서는 눈물이 흘러내렸다.

　"볼 거 없다! 내 눈에 흙이 들어가도 저놈을 허락하는 일은 없을 테니까 말이다!"

　클라라를 태운 마차가 슈만의 눈에서 사라졌다.

　비크의 말은 그 하나하나가 슈만에게 큰 상처를 줄 수 있는 것들이었다. 비크에게 반박할 수도 없을 만큼 그토록 자신이 형편없는 인간이었던가?

　하지만 슈만은 그의 독설 중에서 자신이 피아노곡과 가곡 같은 작은 규모의 곡만을 작곡하는 사람이라는 것은 인정할 수가 없었다. 언젠가 그는 베토벤에 맞서는 위대한 곡을 내놓을 것이라고 결심하였다.

　그렇지만 그런 다짐만으로는 클라라를 잃을지도 모른다는 깊은 절망에서 슈만을 구해 주지 못했다.

　엎친 데 덮친 격으로 어머니의 사망 소식까지 전해졌다. 어머니를 무척이나 사랑했던 슈만에게 어머니의 죽음은 이루 말할 수 없는 충격이었다.

　슈만의 정신은 무척 불안한 상태로 빠져들었다. 점점 공포와 절망이 슈만을 잠들지 못하게 했다. 불면증은 그의 신경을 날카롭게 갈아 먹고, 곤두선 신경은 초조와 불안 등 이유를 알 수 없는 흥분 상태로 그를 몰고 갔다. 슈만이 어머니의 장례식을 끝내고 유품을 정리하는 동안에도 내내 그런 불안한 상태가 이어졌다.

　슈만의 어머니의 사망 소식은 드레스덴에 있는 클라라에게도 전해졌다. 클라라는 슈만이 받았을 충격이 몹시도 걱정스러웠다. 그녀는 당장이

라도 슈만에게로 달려가고 싶었다. 그의 곁에서 그의 슬픔을 함께 나누고 그의 마음을 위로해 주고 싶었다.

하지만 비크가 버티고 있는 한, 그건 꿈처럼 머나먼 일이었다. 대신 클라라는 슈만에게 편지를 썼다. 그녀의 편지는 어머니의 유품을 정리하고 라이프치히로 돌아온 슈만에게 전해졌고, 편지를 읽자마자 슈만은 그녀가 있는 드레스덴으로 향했다.

슈만이 드레스덴에 도착했다는 메시지가 클라라에게 전해졌다. 다행히 그날은 비크가 클라라의 공연 일정을 잡기 위해 외출하고 없을 때였다.

클라라는 슈만이 기다리고 있는 집 근처의 살롱으로 정신없이 뛰었다. 그리 멀지 않은 거리였지만 국경을 넘는 것처럼 길게만 느껴졌다. 그를 만나면 어떤 말로 위로를 해야 할지 클라라는 마음을 주체할 수가 없었다.

클라라는 벌컥 살롱 문을 열었다. 문이 열리고 그녀가 안으로 들어서는 순간, 앉아 있던 슈만이 벌떡 일어서는 모습이 눈에 들어왔.

무척이나 야위어 뼈만 앙상해진 슈만의 얼굴은 클라라의 가슴을 아프게 했다. 그것만으로도 슈만의 고통이 어느 정도인지 클라라는 충분히 짐작하고도 남았다.

그를 보고 잠시 멈칫거리던 클라라는 단숨에 달려들어 그를 껴안았다. 그는 클라라에게 말을 하려 했지만 제대로 말이 나오지 않았다.

"클라라, 미안하오. 난……, 난……."

"잠시만, 잠시만 이대로 당신을 느끼게 해 주세요."

클라라는 아무 말 없이 한참을 슈만의 품에 안겨 있었다.

그렇게 클라라를 안고 있는 동안 슈만은 놀라운 경험을 하였다. 그동안 자신을 옥죄었던 고통과 불안, 괴로움이 연기처럼 사라지는 것이 아닌가. 흔들리던 정신세계는 차분하고 조용해져 따뜻한 안정과 평화를 느꼈다. 사랑은 그렇듯 놀라운 치유 효과가 있었던 것이다.

"미안해요. 아버지가 당신한테 심하게 대해서……. 하지만 전 아무것도 변한 게 없답니다. 제겐 오직 당신뿐이랍니다."

클라라는 고개를 들어 슈만을 보며 말했다. 클라라의 커다란 눈망울에는 눈물이 가득하여 금방이라도 굵은 방울들이 쏟아져 내릴 것만 같았다.

슈만은 그 모습이 너무도 사랑스러워 당장이라도 클라라를 데리고 어디론가 사라져 버리고 싶은 충동을 느꼈다. 비크가 도저히 찾을 수 없는 그런 곳으로.

하지만 그건 불가능한 일이었다. 클라라와 결혼을 하기 위해서는 무슨 수를 써서라도 비크의 마음을 돌려야 했다. 슈만은 클라라에게 다시 한 번 약속을 했다.

"클라라. 난 절대로 당신을 포기하지 않을 것이오. 그 어떤 것이 내 앞을 가로막는다 해도 난 당신을 놓지 않을 것이오. 그곳이 지옥이라 해도 당신과 함께 있을 수 있다면 난 기꺼이 그곳을 마다하지 않을 것이오. 사랑하오. 클라라."

그렇게 두 사람은 서로를 그저 바라보며 달콤한 시간을 보냈다.

하지만 사랑하는 사람과의 시간은 찰나와 같이 빠른 법. 클라라와 슈만의 곁에도 어느새 어둠이 내려앉으려 하고 있었다. 이제 돌아가야 할 시간이었다.

클라라도 슈만도 차마 마주 잡고 있는 손을 놓기가 두려웠다. 비크의 강력한 반대 때문에 손을 놓으면 이대로 영영 헤어질 것 같은 두려움이 마음 한구석에 남아 있었다. 그래도 가야 했다.

슈만과 작별의 키스를 나눈 클라라는 천근만근 무거운 발을 옮겨 살롱을 나왔다. 집으로 향하는 걸음마다 자신의 운명이, 슈만과 함께 할 수 없는 이 운명이 원망스러웠다. 그리고 아버지 비크가 원망스러웠다.

클라라가 집에 돌아온 지 몇 분 지나지 않아 비크가 돌아왔다.

클라라는 내심 안도의 한숨을 몰아쉬었다. 자칫 슈만과 살롱에서 시간을 더 보냈다면……. 생각만 해도 끔찍했다. 클라라는 결코 집 밖으로 나간 적이 없다는 듯이 자신의 방에 앉아 있었다.

그런데, 노크도 없이 클라라의 방문이 벌컥 열렸다. 얼굴이 일그러질 대로 일그러진 비크가 문 앞에 서 있었다.

클라라는 비크의 표정을 보고 가슴이 덜컹 내려앉았다. 하인이 말했는지 슈만을 만난 사실을 알아차린 게 분명했다. 더욱 놀라운 것은 비크의 양손에 긴 총이 들려 있었던 것이다. 장총을 본 클라라는 공포로 하얗게 질려 버렸다.

"내 말이 그리도 우습게 들리더냐? 슈만은 어디에 있느냐? 내 이놈을 쏘아 버릴 것이야! 어서 슈만이 있는 곳이 어딘지 말해! 어디에 있느냐!"

"아아……. 아버지, 제가 잘못했어요! 용서해 주세요! 다시는 아버지 말을 어기지 않을게요! 그러니 이번 한 번만 용서해 주세요. 부탁이에요!"

클라라가 바닥에 무릎을 꿇고 앉아 눈물을 흘리며 호소하였다.

"제발 이렇게 빌게요! 제발 용서해 주세요."

"정녕 이제부터는 내 말을 거역하지 않을 거라 약속할 수 있느냐?"

비크가 한쪽 입꼬리를 씰룩거리며 물었다.

"그럴게요, 아버지……. 그럴게요."

"오냐. 정 그렇다면 이번만은 용서해 주마. 하지만 다시 또 이런 일이 생긴다면 그때도 내가 용서할 거란 기대는 하지 않는 게 좋을 게야."

비크가 모질게 내뱉고는 부술 듯이 문을 닫으며 방을 나갔다.

클라라는 총까지 들고 나타난 비크의 뜻을 충분히 알 수 있었다. 슈만을 진짜로 쏘지는 않겠지만, 그만큼 그들의 관계를 절대로 인정하지 않겠다는 굳은 의지가 담긴 표현이란 것을 말이다.

끝 모를 암담함이 몰려와 클라라는 밤새도록 눈물지었다.

실제로 그날의 총 때문이었는지는 모르지만, 클라라는 성공리에 연주 여행을 끝내고 라이프치히의 집에 돌아오고 나서도 슈만을 만나지 못했다. 아무리 생각해도 비크의 눈을 피해 그런 대담한 행동을 하기에는 대가가 너무 클 것 같았다.

그건 슈만도 마찬가지였다. 클라라가 라이프치히의 집으로 돌아온 사실을 알았지만 차마 그녀를 찾아갈 수 없었다. 클라라가 자신을 만나고 난 후 비크에게 몹시도 괴롭힘을 당할까 봐 두려웠던 것이다. 그렇지만 클라라를 보지 못한다는 것은 크나큰 고통이었다.

슈만은 그 고통을 작곡으로 달랬다. 결국 비크에게 인정받기 위해서는 위대한 작곡을 하여 유명해지는 수밖에 없었던 것이다.

작품 5 「클라라 비크의 주제에 의한 즉흥곡」: 1833년 슈만의 작품으로, 클라라가 슈만에게 헌정했던 곡의 주제를 가지고 만든 곡이다. 클라라에 대한 사랑이 느껴지는 곡이다.

작품 17 「c장조 환상곡」: 1836년에 슈만이 작곡한 작품으로, 베토벤 기념비 사업을 위한 모금 활동을 위해 만들어졌다고 한다. 웅장하면서도 환상적인 느낌이 나는 곡이다.

그리하여 슈만의 *작품 5 「클라라 비크의 주제에 의한 즉흥곡」, *작품 17 「c장조 환상곡」 등과 여러 주옥같은 가곡들이 탄생했다.

그러는 사이, 두 사람은 아무런 소식도 없이 일 년이라는 시간을 보내고 있었다. 클라라는 그 사이에 간간이 연주 여행을 하며 바쁜 시간을 보내고 있었다. 그러다가 서로의 편지가 잘 전달되지 않을 즈음, 클라라도 슈만도 이대로 관계가 끝날지도 모른다는 불안감이 커져 갔다.

그즈음 비크는 아예 클라라의 마음을 돌려놓을 생각으로 칼 방크라는 청년을 클라라의 성악 교수로 받아들였다. 집안도 탄탄하고 잘생긴 청년이었다. 그런데 뜻밖에도 방크는 슈만과 어느 정도 친분이 있었다. 그 사실을 클라라가 알게 되었고, 그녀는 그를 통해 슈만의 소식을 물었다.

"이런 말을 해도 좋을지 모르겠는데, 요즘 슈만은 보이그트라는 부인에게 빠져 있지요. 그래서 한 줄의 소식도 없는 거랍니다."

또한, 방크는 슈만에게 가서 클라라의 소식을 전했다.

"아직도 클라라가 자네를 마음에 두고 있다고 생각하는가? 천만에! 이미 클라라의 마음속에서 슈만 자네가 지워진 지는 오래라네. 그러지 않고서야 이토록 오랫동안 감감무소식일 이유가 없지 않은가? 비크 교수에게 들었는데 몇 달 후에 베를린의 남작과 결혼을 한다더군!"

방크는 슈만과 클라라 사이를 오가며 터무니없는 거짓말을 하였다. 그는 클라라를 본 순간 그녀에게 첫눈에 반하여 클라라와 슈만 사이를 질투했던 것이다.

클라라는 처음에 방크의 터무니없는 말을 믿을 수 없었지만 계속해서

  그런 말을 듣게 되자 슈만을 오해하게 되었고, 이는 슈만도 마찬가지였다. 점점 서로에 대한 원망도 커져 갔다.
  정말로 둘 사이에 큰 위기가 온 것이었다.

  그 무렵 멘델스존과 쇼팽도 각각 사랑에 빠져 있었다. 바쁘고 황홀한 나날을 보내고 있는 탓에 그들은 미처 클라라와 슈만의 사이를 돌아보지 못했다. 이대로 시간이 조금만 더 흐른다면 두 사람의 사이는 정말로 끝장이 날지도 몰랐다. 그렇게 비크의 오랜 소망이 이루어질 터였다.
  그때, 아돌프 베카가 클라라와 슈만 앞에 등장했다.
  베카는 오래전부터 슈만과 친분이 있었고, 비크와도 친구였다. 슈만과 클라라를 응원하고 있었던 베카는 그들의 사이가 가까워져서 사랑을 이루길 간절히 기도하고 있었다. 하지만 날이 갈수록 두 사람의 사이는 멀어져만 가니 이 꼴을 도저히 두고 볼 수가 없었다.
  그해 8월, 클라라가 라이프치히에서 연주회를 가졌는데 베카는 이 기회를 통해 클라라와 슈만이 서로의 관계를 회복할 수 있으리라 판단했다.
  우선 그는 클라라에게 슈만의 음악들을 연주하라고 권유했다. 비크는 그 점을 탐탁지 않게 생각했지만 슈만의 음악만은 비크도 인정하고 있었기에 겨우 레퍼토리에 넣을 수 있었다. 클라라는 과연 슈만이 연주회에 와 줄 것인지 떨리는 마음으로 연주회를 기다렸다.
  마침내 연주회가 시작되었고, 클라라는 홀을 가득 메운 사람들 사이에서 슈만이 앉아 있는 것을 똑똑히 보았다. 이것이 평범한 연주회였다면 슈만은 이 연주회에 참석하지 않았을지도 모른다. 하지만 자신의 노래가

포함되었다는 사실을 알고 그는 연주회에 오지 않을 수가 없었던 것이다.

슈만을 발견한 클라라는 자신의 진실한 마음을 전하고 싶었다. 음악으로 말이다. 슈만이라면 충분히 자신이 하고 싶은 말이 무엇인지 들을 수 있을 거라 생각했다.

청중들을 위한 몇 곡의 연주가 지나간 후, 드디어 오직 한 사람 슈만을 위한 연주가 시작되었다. 슈만의 *「피아노 소나타 제1번」이었다.

클라라가 곡을 연주하기 시작했다. 피아노 선율과 함께 클라라의 마음 속 고백이 연주회장에 가득 울려 퍼졌다.

어째서 내 곁에 오지 않는 건가요? 그동안 당신에 대한 많은 소식을 들었지만 난 그 어떤 부정적인 것도 믿지 않는답니다. 오직 당신의 사랑만을 믿고 있습니다.

간절한 클라라의 외침을 들은 슈만은 연주회가 끝나기 무섭게 클라라에게 편지를 썼다.

오오! 내 사랑 클라라!

당신의 이야기를 듣는 내내 난 부끄러움 때문에 견딜 수가 없었소. 그간 내가 품어 왔던 오해들은 사실 당신에 대한 간절한 그리움을 채울 수 없는 고통에서 비롯된 것이었소.

사랑하오. 당신을 위해 무엇을 해야 하는지 난 비로소 분명하게 깨달았다오.

「피아노 소나타 제1번」: 슈만이 '클라라를 향한 마음의 외침'이라고 불렀던 곡이다. 클라라를 향한 슈만의 사랑과 열정이 가득 담겨 있다.

나는 반드시 당신 곁으로 돌아갈 것이오. 반드시 당신 곁에서 당신의 미소와 함께 할 것이오.

슈만의 애절한 편지는 베카를 통해 클라라에게 전해졌다.

클라라의 뜨거운 눈물이 편지지 위로 빗물처럼 떨어졌다. 슈만의 변함없는 사랑을 확인한 클라라의 가슴이 그녀를 눈물짓게 했던 것이다.

오랜 가뭄 끝에 내린 비가 땅을 더욱 단단하게 하듯이 클라라와 슈만의 사랑도 더욱 굳건해졌다. 이제 더 이상 그 어떤 것도 둘의 사랑을 갈라놓을 수 없을 것 같았다. 하지만 시련은 끝난 게 아니었다.

클라라와 슈만은 서로 변치 않는 사랑을 확인했지만 여전히 만날 수는 없었다. 비크의 감시가 더욱 심하고 집요해졌기 때문이었다. 세월이 흘러도 비크의 고집은 전혀 사라질 기미가 보이지 않았고, 오히려 두 사람의 사랑이 커질수록 그 정도가 더욱 심해져 갔다. 그나마 다행인 것은 클라라의 하인이 두 사람의 편지를 서로에게 몰래 전해 주는 역할을 했다는 것이었다.

슈만과 클라라는 서로에 대한 애정과 신뢰, 그리움, 그리고 음악적인 열정이 담긴 편지를 주고받으며 변함없는 사랑을 키워 갔다.

그 와중에도 비크는 틈이 날 때마다 클라라를 데리고 연주 여행을 떠났다. 여행을 떠나면 굳이 두 사람을 감시할 필요가 없었기 때문이었다. 하지만 무엇보다도 그는 클라라의 피아노 연주로 벌어들이는 막대한 공연 수익을 포기할 수 없었던 것이다.

　비크는 열여덟 살이 된 클라라를 데리고 오스트리아의 수도 빈에 도착하였다. 이미 피아니스트로 명성이 높았던 클라라는 이번 빈 공연에서 어느 정도 성공이 보장되어 있었다. 그녀는 더 이상 소녀로 부를 수 없을 만큼 성장해 있었고, 음악적으로도 한층 성숙한 연주를 하였다. 곡의 해석이나 음악적인 기교, 무대 위에서의 감정 전달 등 어느 하나 흠잡을 데가 없는 그녀의 연주가 빈 공연장을 수놓았다.

　관중들의 열렬한 박수 속에서 12차례나 무대로 불려 나올 만큼 빈에서의 첫 번째 공연은 대성공이었다. 당시에는 유럽 음악의 중심 무대인 빈에서 성공한다는 것은 세계적인 성공을 의미하는 것이나 마찬가지였다.

　두 번째, 세 번째 공연이 끝나는 동안 빈에서는 신문에 클라라의 기사로 도배되다시피 하였다. 클라라가 세계 최정상의 여류 피아니스트로 우뚝 선 것이다.

　공연의 성공으로 빈에서의 체류 기간이 길어졌는데 어느새 6개월째에 접어들고 있었다.

　세계 최정상으로 인정받는 것보다 더 클라라를 기쁘게 했던 건 슈만의 편지였다. 떨어져 있는 두 사람은 비크의 눈을 피해 편지를 주고받았던 것이다.

　또 한 가지, 클라라에게 깊은 인상을 심어준 것은 당시 세계적 명성의 극을 달렸던 *리스트의 공연이었다.

　리스트는 클라라가 묵고 있는 호텔로 가서 자신의 명함을 전달하고는 직접 클라라를 찾아왔다. 피아니스트들은 자신의 연주를 상대방에게 들려주며 서로 교류를 하는데, 리스트와 클라라 역시 그런 교류 방식으로 만나게 되었고, 그들은 서로의 연주에 대해 마음 깊이 우러나는 찬사를 보냈다.

『그는 누구와도 비교할 수 없다. 그의 연주는 공포와 경이를 몰고 온다.』

클라라는 리스트의 연주를 보고 그렇게 말했다.

『그녀의 완벽한 기교와 진귀한 감정의 깊이, 특히 기품 있는 연주 태도는 놀랄 만한 것이었다. 또한 베토벤 소나타에 대한 그녀의 해석은 비범하고 세련된 것이었다.』

클라라에 대한 리스트의 감상이었다.

클라라는 슈만에게 보내는 편지에 자신이 피아노 연주를 한 슈만의 「사육제」에 리스트가 완전히 매료되었다는 이야기를 쓰면서 슈만이 리스트를 만나 봤으면 좋겠다는 마음을 함께 담았다.

클라라에게 있어 리스트와의 만남은 행복한 기억임과 동시에 그녀가 도달해야 할 또 다른 목표이기도 하였다.

비크는 리스트의 공연을 보고 호텔에 도착한 클라라를 자신의 방으로 불러들였다.

클라라는 비크의 목소리만으로도 그가 지금 무척이나 심기가 불편하다는 것을 느낄 수 있었다. 예상했던 대로 비크는 한기를 내뿜으며 방 안

리스트 : 1811년 헝가리에서 태어난 피아노 연주자. 당시 클라라와 서로 경쟁하기도 하고 음악 친구로 함께 길을 걷기도 했다.

 으로 들어선 클라라에게 편지를 내밀었다. 슈만이 비크에게 보낸 정식 결혼 허가 신청서였다.

 슈만은 신청서에 간곡하게 클라라와의 사랑을 고백하고, 비크가 결혼을 허가해 줄 것을 요청하고 있었다. 당연히 슈만의 요청은 거절되었다.

 그러나 슈만이 보낸 결혼 신청서를 본 후, 비크는 단순한 강압만으로는 두 사람 사이를 갈라놓을 수 없다는 것을 깨달았다. 그래서 그는 새로운 전략을 구사하기로 결심하고 클라라를 부른 것이다.

 이제 비크에게 있어 클라라와 슈만의 결별은 반드시 이루어 내야만 하는 필생의 목표가 되었다.

 "오늘부로 너를 도와주던 하녀를 해고하고 집으로 돌려보냈다. 따라서 네 스스로 모든 것을 해야 할 것이야."

 비크가 해고한 하녀는 클라라의 사랑을 충분히 이해했기 때문에, 비크의 눈을 피해 슈만의 편지를 전달하는 데 많은 도움을 주었다. 비크가 그녀를 해고한 것은 그 이유 때문일 터였다.

 "그동안 연주로 벌어들인 적금 전액에 대한 권리는 공연을 기획하고 너에게 투자를 해 온 나에게 있음을 분명히 기억해야 할 거야. 또한 네가 내 곁을 떠날 경우 1,000탈러를 변상하도록 해! 그건 너의 피아노와 소지품에 대한 가격이다! 여기 서류로 만들어 뒀으니 서명을 하도록 해라!"

 비크가 서류를 내밀었다.

 비크의 요구는 클라라에게 많은 실망을 안겨 주었다. 사실 그동안 슈만을 인정하지 않는 비크가 원망스럽긴 했지만 그의 지나친 강압에 순순히 따랐던 것은 부모로서 자신을 위해 희생해 왔다는 생각 때문이었다.

하지만 비크의 요구는 그런 믿음을 일시에 허물어 버렸고, 클라라의 반항심을 폭발시켰다.

"좋아요! 원하는 대로 해 주죠. 하지만 이제 더 이상 내게 간섭하지 마세요."

클라라는 비크가 내민 서류에 사인을 하고는 자신의 방으로 돌아갔다.

클라라는 며칠 후 하녀를 한 명 고용하고 파리로 출발하였다. 혼자서도 파리 같은 대도시에서 잘 해낼 수 있다는 것을 비크에게 보여 주고 싶었기 때문이었다.

비크는 호텔 창가에서 떠나는 클라라의 마차를 바라보며 중얼거렸다.

"얼마든지 해 보려무나. 하지만 생각보다 쉽지 않을 게야. 아마 내게 돌아와서 무릎을 꿇고 용서를 빌게 될 게야. 크크크……."

비크의 예상대로 최초 목적지인 뉘른베르크에 도착한 클라라는 어떤 것부터 해야 할지 막막하기만 했다. *관현악단과의 교섭, 초대장 발송, *조율사 의뢰, 방문객 예상 등등 무엇 하나 클라라가 처리하기에 벅찬 것들이었다. 클라라는 비크 없이 공연을 한다는 것이 얼마나 힘든 일인가를 뼈저리게 느끼지 않을 수 없었다.

거기다 뉘른베르크의 공연장에 갑자기 홍수가 나는 바람에 제대로 공연을 할 수 없었다. 뿐만 아니라 보호자가 없는 클라라 주위에는 사기꾼 같은 자들이 모여들었다. 그나마 큰 피해를 당하기 전에 그들의 의도를

관현악 : 여러 가지 악기가 하나의 집단을 이루어서 합주를 하는 형태의 음악.
조율사 : 건반악기나 현악기의 음색이 올라가거나 떨어지지 않도록 표준음을 맞추는 일을 하는 사람.

눈치챈 덕분에 화를 면할 수가 있었다. 악전고투를 하며 클라라는 간신히 파리에 도착하였다.

그 무렵 슈만은 빈에 도착해 새로운 길을 모색하고 있었다.
하지만 사교성이 그리 뛰어난 편이 아니었던 슈만은 합창단이나 관현악단과 같은 조직을 맡을 만한 능력이 없었다. 또한, 당시 작곡가들은 자신이 작곡한 곡을 직접 연주하면서 인기를 얻는 게 보통이었지만, 슈만은 피아니스트가 아니었기 때문에 그럴 수도 없었다. 출판사에 대한 정부의 간섭 때문에 음악 잡지를 발행하는 일마저 쉽지 않았다. 하지만 슈만은 좌절하지 않았다. 그에게는 자신이 지켜야만 하는 클라라가 있었다.

그 순간에도 슈만은 아름다운 작품들을 완성하였다. *작품 18 「아라베스크」, 「꽃의 곡」, 「밤의 곡집」 등이 이 시기에 탄생한 곡들이었다. 이 작품들의 악보는 편지와 함께 클라라에게 전달되었다. 클라라에게 슈만의 편지와 악보는 그 자체만으로 커다란 위안이었고 힘이었다.

거기다 슈만이 보내온 곡들은 늘 클라라에게 정신이 몽롱할 정도의 존경심을 안겨 주었다. 슈만이 그런 아름다운 곡을 쓸 수 있고, 자신이 그런 아름다운 곡을 제일 먼저 연주할 수 있다는 것은 커다란 환희였다.

파리에서 동분서주한 덕분에 클라라는 마침내 연주회 일정을 잡을 수 있었다. 그런데 연주회가 시작되기 며칠 전, 비크로부터 편지가 도착했다.

작품 18 「아라베스크」 : 1839년에 슈만이 클라라의 사랑을 얻기 위해 쓴 곡이다. 고전적인 분위기가 주를 이루지만 낭만적 느낌도 곳곳에 보인다.

마지막으로 묻는 것이다. 기어이 슈만을 포기하지 않을 것이냐? 그렇다면 난 더 이상 너를 딸로 인정하지 않을 것이며, 지금까지의 모든 재산을 포함하여 네가 가진 상속인으로서의 권리를 박탈하고, 두 사람에 대해 소송을 제기할 것이다.

그는 클라라가 파리에서의 연주회를 성공했을 경우를 대비해서 재산에 대한 경고를 한 것이다. 하지만 비크의 우려와는 달리 연주회는 성공하지 못했다. 연주회에서 필요했던 것은 클라라의 뛰어난 재능보다도 후원자와 기획자였던 것이다.

클라라는 참담한 기분을 금할 길이 없었다. 혼자서도 충분히 할 수 있다는 것을 아버지 비크에게 보여 주리라는 계획이 산산이 부서진 것이었다.

낙담에 빠진 클라라를 끌어올린 것은 슈만의 편지였다.

슈만의 편지는 두 통이었다. 하나는 그녀의 생일이 다가올 즈음에 다시 비크에게 결혼을 승낙해 줄 것을 부탁하겠다는 내용이었고, 다른 하나는 비크가 부탁을 또 거절했을 때 재판소로 보낼 정식 결혼허가서였다.

결혼허가서에는 슈만의 서명이 이미 있었고, 그 옆으로 나란히 클라라의 이름과 서명을 쓰는 공간이 있었다. 클라라는 결혼허가서에 서명을 하고 메시지를 함께 넣어 슈만에게 보냈다.

사랑하는 이여! 처음으로 당신 이름 곁에 내 이름을 씁니다.
슬픔 속에서도 더할 수 없는 희열을 느낍니다.

 클라라의 편지를 받은 슈만은 계획한 대로 결혼 승낙에 대한 간절한 바람을 담은 편지를 비크에게 보냈고 그의 답장을 기다렸다. 즉각, 모욕적인 언어들로 슈만을 비난하는 비크의 답장이 배달되었다.
 이에 더 이상 비크에게 결혼 승낙을 받을 수 없을 거라 판단한 슈만은 1839년 라이프치히 재판소에 결혼허가를 청구하는 소송을 제기하였다.
 "이런 고얀 놈! 네가 감히 재판을 신청했다 이거냐? 오냐! 네놈이 정 그렇게 나온다면 아주 철저히 짓밟아 주마! 배은망덕한 놈 같으니라고!!"
 비크는 소장을 움켜쥔 손을 부들부들 떨며 소리쳤다.

 클라라는 파리에 더 이상 머무를 수 없었다. 파리는 날이 갈수록 정치적으로 불안해지고 있었고, 결혼 재판에 참석하기 위해서도 돌아가야만 했다.
 역으로 향하는 마차 안에서 클라라는 센 강을 보며 깊은 아쉬움에 젖어 들었다. 클라라는 아주 어렸을 적에도 비크와 함께 공연을 하기 위해 파리에 온 적이 있었다. 하지만 그때도 지금처럼 성공적인 공연은 아니었다. 결국 파리 공연은 두 번 다 실패였던 것이다.
 그런 클라라의 마음을 달래 준 사람은 슈만이었다. 슈만은 아르덴까지 클라라를 마중 나와 기다리고 있었던 것이다. 거의 10개월 만의 만남이었다.
 슈만은 무척 수척해 보였지만 클라라를 바라보는 눈만은 뜨겁게 빛나고 있었다.
 슈만의 품 안으로 달려드는 클라라의 기쁨은 말로 표현할 수 없는 것이었다. 하지만 슈만과 함께 돌아가는 클라라의 마음은 한편으로 무척이나 무거웠다. 비크의 반대가 새삼스러운 것은 아니었지만 재판에까지 슈만을 끌어들인 셈이었다. 더구나 자칫하면 공연으로 얻은 적금까지 모두 비크에게 빼앗기고 빈털터리로 슈만에게 의지해야 한다는 것이 더욱 그녀를 아프게 했다.

"아무 걱정하지 마오. 난 이길 것이고 당신의 남편이 될 것이오. 당신은 그저 나를 따라오기만 하면 되는 것이오. 단지 그거면 되오. 다른 건 아무것도 필요 없소. 오직 당신이면 난 그걸로 충분하오."

마치 그녀의 마음을 아는 듯이 슈만은 클라라의 손을 꼭 쥐며 말했다.

라이프치히에 도착한 클라라는 비크의 집이 아닌 친어머니가 있는 집으로 갔다. 어린 시절에 헤어지고 나서 처음으로 보는 어머니였다. 클라라의 어머니는 클라라와 슈만을 따뜻하게 맞아 주었다.

클라라는 되도록 재판을 피하고 싶었다. 재판으로 인해 서로의 가슴에 더 큰 상처가 남는 것이 두려웠던 것이다. 어쩌면 평생 아버지를 용서할 수 없게 될지도 모를 일이었다.

클라라는 재판이 열리기 전, 마지막으로 비크를 설득하기 위해 집으로 갔다. 소용없는 일이 되리라는 것을 뻔히 알고 있었지만 한 가닥의 희망이라도 붙잡고 싶은 심정이었다.

비크는 서재로 들어서는 클라라의 얼굴을 쳐다보지도 않고 말했다.

"나를 설득하려고 왔다면 소용이 없는 일이다."

그러면서 비크는 기어이 결혼을 하겠다면 앞서 말한 7년간의 예금과 클라라의 소지품에 대한 부분을 전부 배상해야 한다고 했다. 그 외에도 슈만이 8,000탈러에 달하는 재산에 대한 이자를 자신에게 줘야 하고,

두 사람이 이혼하게 될 때 원금의 권리를 자신에게 양도할 것과 슈만의 상속인을 자신으로 할 것을 더 요구했다.

터무니없는 요구였다. 당시에는 결혼을 하기 위해서 부모의 동의가 반드시 필요했기에 가능한 일이었다.

"평생 저를 안 보실 생각인가요?"

클라라의 물음에 비크는 눈썹을 씰룩거렸다. 다른 건 모르지만 그것만은 비크에게도 괴로운 일이었다. 비크에게 있어 클라라는 한평생의 걸작이 아니던가. 하지만 어차피 슈만에게로 갈 것이라면 다 무슨 소용이란 말인가!

"그렇게 된다고 해도 어쩔 수가 없겠지. 난 어떤 희생을 치른다 해도 포기하지 않을 것이야! 절대로 슈만을 네 상대로 인정할 수 없어!"

도무지 이해할 수 없는 증오였다. 클라라는 더 이상 타협의 여지가 없음을 알고 자리에서 일어섰다.

"어쩌면 이것이 아버지와 저의 마지막이 될지도 모르겠군요."

그 말을 남긴 채 클라라는 조용히 서재 문을 닫았.

재판은 피할 수 없게 되었다. 집을 나서는 클라라는 가슴이 찢어지는 고통을 느끼며 눈물을 흘렸다. 늘 엄격하고 때론 무척이나 고통스럽게 자신을 대하기도 했지만, 비크는 오늘의 클라라를 있게 만들어 준 누구보다도 소중한 아버지였다.

그런 아버지와 클라라는 서로의 가슴에 치유할 수 없는 상처를 남기며, 결코 다시 돌아올 수 없는 다리를 건너고 있는 것이었다. 괴로운 일이었다.

그로부터 며칠 후 드디어 재판이 시작되었다.

클라라 비크에서 클라라 슈만으로

세상의 모든 커플들은 양가 부모와 친척들의 축복 속에서 결혼을 꿈꿀 것이다.

결혼을 하기 위해서 행복이 아닌 재판을 벌여야 한다는 것은 무척이나 드물고 불행한 일이었다. 하지만 슈만과 클라라는 달리 선택의 여지가 없었다.

클라라의 나이 스물. 슈만과의 사랑을 확인한 후 벌써 5년이란 시간이 지났다. 그 시간 동안 비크는 줄기차게 둘의 사랑을 반대하면서 많은 요구를 하였다. 두 사람은 재판을 통해 그 요구가 터무니없다는 것을 증명해야 했다. 그 점은 비크도 마찬가지였다. 그는 재판을 통해서 슈만과 클라라의 결혼을 허락할 수 없는 정당한 이유를 밝혀야만 했다.

전례가 없는 이 재판은 사람들의 많은 흥미를 끌었는데, 그중에는 재판 결과에 내기를 하는 사람들도 있었다. 심리가 열리는 날의 재판정은 늘 사람들로 꽉 찼다.

　재판의 심리에서 비크는 한 치의 물러섬도 없이 맹렬하게 슈만을 비난하였다. 주로 슈만이 경제적으로 무능력하다는 점을 강조하였는데, 그러한 비크의 강한 비난에도 불구하고 여론은 비크에게 불리하게 돌아갔다. 비크의 주장은 별로 설득력이 없으며 비크의 결혼 허락에 대한 요구가 지나친 것이라는 게 대체적인 의견이었다. 거기다 재판이 진행되는 기간 중에 예나대학으로부터 슈만에게 철학박사 학위를 수여한다는 통지서가 전해졌다.

　그것은 비크의 주장이 터무니없음을 증명했으므로, 비크에게 상당한 타격을 주었다. 이대로는 재판에서 이길 가능성이 별로 없다는 것을 비크는 실감하고 있었다. 비크에게는 무엇인가 결정적인 것이 필요했다.

　클라라와 슈만은 자신들의 운명을 가를 수도 있는 중요한 재판이 진행되고 있었지만, 그 기간 동안에도 무척이나 즐겁고 활기찬 하루하루를 보냈다.

　우선 예전과는 달리 원하면 언제든지 서로를 볼 수 있다는 것이 더없이 행복했다. 슈만은 그런 행복함이 에너지로 작용하여 바쁘게 활동했고 왕성하게 작품을 만들었다. 완성된 작품은 편지와 함께 클라라에게 먼저 전해졌다.

사랑하는 클라라.
울고 있었나요? 당신의 눈물 한 방울마다 내가 키스해 줄게요.

그러면 다시 당신의 마음이 밝아지겠지요.

그리고 또 재미있는 생각이 있습니다.

사랑하는 클라라,

신혼의 두 사람이 츠비카우에서 보낼

최초의 여름을 생각하면

온 세상이 장미꽃으로 뒤덮인 낙원처럼 황홀해집니다.

그 속에서 새색시와 신랑이 팔짱을 끼고

열심히 일하고 한껏 즐기는 행복을 그려 봅니다.

-로베르트 슈만

어제 당신의 황홀한 환상곡을 받고

나는 너무 기뻐서 병이 날 뻔했습니다.

나는 창가로 끌려가서 그대로

아름다운 봄 속에 몸을 던지고

한 아름 꽃을 품 안에 껴안고 싶었습니다.

당신의 환상곡을 읽으면서

찬란한 꿈을 꾸었습니다.

- 당신의 클라라

당시 서로 하루가 멀다 하고 주고받았던 클라라와 슈만의 편지들 중 한 편이다. (베톨트 리츠만·임선희 편역의 〈슈만과 클라라〉를 참고했다) 편지에서 알 수 있듯이 두 사람은 재판에서 이길 것이라고 확신하고 있었다.

클라라 역시 독일의 지방 공연 등으로 바쁜 나날을 보내고 있었다. 그 와중에도 두 번째 심리가 끝난 뒤, 몇 달 후에 세 번째 심리가 진행되었다. 바로 그 자리에서 비크가 슈만의 정신병을 공식적으로 제기했던 것이다.

비크의 주장은 재판정에 있는 모두에게 큰 충격을 줄 만큼 놀라운 것이었다. 특히, 클라라에게는 충격을 넘어 절망스러운 기분을 안겨 주었다.

사랑하는 슈만이 정신병자라는 주장은 믿을 수도 없는 것이었지만, 그런 터무니없는 사실까지 만들어 내는 아버지의 모습에 절망했던 것이다. 부모와 자식이라는 마지막 한 가닥의 끈마저 끊어져 버린 것 같았다.

판결은 그해 8월로 예정되어 있었고, 비크는 그 전에 슈만이 정신병자라는 사실을 증명할 수 있는 증거를 제출해야만 했다.

슈만을 정신병자라고 폭로하였지만 막상 그 증거를 찾는 건 쉬운 일이 아니었다. 슈만이 병원을 찾은 적이 있는 것도 아니어서 정신병에 대한 기록 같은 게 있을 리가 없었고, 자신이 본 슈만의 발작을 증언해 줄 다른 사람이 있는 것도 아니었다.

무엇보다도 요즘의 슈만은 정신적으로 무척 안정된 상태여서 다시 발작을 일으킬 가능성이 없어 보였던 것이다.

"아무래도 이쯤에서 합의를 하는 게 좋을 거야."

고민에 빠져 있는 비크에게 친구인 슈로더가 충고를 하였다. 하지만 비크는 강력히 거부했다.

"합의라구? 그놈은 정신병자야. 내 눈으로 똑똑히 확인을 했단 말일세!"

"자네 말고 그 사실을 증명할 수 있는 자가 있는 건가? 없지 않은가?"

"의사라면 그자가 정신병자란 걸 증명해 줄 게야."

"정신 차리게! 슈만은 이미 유명한 작곡가이네. 거기다 잡지사를 운영하고 대학에서 박사 학위까지 받았어. 어떤 의사가 그런 자를 정신병자라고 진찰을 한단 말인가? 정녕 그게 가능할 거라 믿는 건가?"

슈로더의 지적은 정확한 것이었고 비크로서도 반박할 말을 찾지 못했다.

"만에 하나 슈만이 정상이라고 판결이 난다면 그를 명예훼손한 것에 대한 손해 배상을 해야 할 걸세. 그렇게 되면 자네는 막대한 돈을 지불해야 할 거야."

막대한 배상금을 줘야 한다는 말에 비크는 해쓱해지지 않을 수 없었다.

"그 돈을 지불하기 싫거든 판결이 나기 전에 소송을 포기하고 결혼을 인정하게. 그게 손해를 최소한으로 막을 수 있는 길이야."

그 충고를 끝으로 슈로더가 중절모를 쓰고 비크의 서재를 나갔다.

털썩!

서재 안을 불안하게 서성거리던 비크가 의자에 무너지듯이 주저앉았다.

정말이지 이번만은 지고 싶지 않은 싸움이었다. 하지만 이제 싸움을 계속해서 끝까지 갈 것인지 아니면 타협을 할 것인지 결정할 때가 된 것이다.

어느새 얼굴에도 주름이 많이 늘어난 비크가 의자에 머리를 기대더니 눈을 감았다.

얼마의 시간이 흘렀을까. 비크가 번쩍 눈을 떴다. 드디어 비크는 최후의 결정을 내렸던 것이다.

7월 7일 오후, 점심을 함께 한 클라라와 슈만이 멘델스존과 함께 살롱에서 피아노를 치며 이야기를 나누고 있었다.

"그래요. 슈베르트의 「e단조 교향곡」은 마치 뭐랄까요. 도무지 말로 표현하기 힘든 정 같은 것이 있다고 할까요?"

"맞아. 4악장의 그 *오케스트레이션 하며, 그 속에 펼쳐지는 길은 천국과도 같은 길이지."

멘델스존이 클라라의 말을 거들었다.

"네. 마치 네 권의 소설 같아요."

클라라는 꿈꾸듯 중얼거리며 피아노 건반을 누르다가 우뚝 멈췄다. 그들에게로 변호사가 걸어오는 모습을 보았던 것이다.

"판결까지는 아직 한 달도 더 남았는데 어쩐 일일까요? 무슨 일이라도 생긴 게 아닐까요?"

불안한 표정으로 클라라가 슈만에게 물었다.

"너무 걱정하지 말아요. 나쁜 일은 아닐 테니."

슈만은 클라라를 안심시키려는 듯이 애써 담담한 표정을 지었다.

하지만 클라라는 걱정하지 않을 수 없었다. 워낙 예측할 수 없는 비크가 아닌가? 또 어떤 새로운 주장을 한 것은 아닌지 하는 생각에 미치자 다가오는 변호사와 함께 불안이 밀려왔다.

변호사가 슈만과 클라라 앞에 다가와 멈춰 섰다.

"무슨 일이죠? 혹시 또 무슨 일이 생긴 건가요?"

클라라가 불안에 가득한 목소리로 다급하게 물었다.

"무슨 일이 생겼습니다만 아주 기쁜 소식입니다. 드디어 끝났습니다.

오케스트레이션 : 모든 악기의 사용법과 특징 및 조합에 관한 이론이다. 작곡과 편곡을 할 때 중요하다.

당신의 아버지인 비크 씨가 소송을 *취하했습니다. 대신 지금 이후부터 클라라 양과 로베르트 씨가 이번 재판으로 인한 다른 어떤 소송도 하지 않는다는 조건으로 말입니다."

"끝났다고 했나요? 정말로 그렇게 말했나요?"

클라라는 도무지 믿을 수 없다는 듯이 변호사에게 되물었다.

"그렇습니다. 곧 법원에서 승소 판결이 있을 겁니다. 두 분은 이제 결혼할 수 있게 된 것입니다."

"오오! 로베르트, 들었나요? 우리가 이제 결혼할 수 있다는 소리를 들었나요?"

"들었소! 클라라! 분명히 들었소!"

"로베르트!"

"클라라!!"

두 사람은 서로의 이름을 부르며 격렬하게 껴안았다.

쉴 새 없이 눈물이 흘러내렸다. 정녕 이것이 현실이란 말인가? 그동안 몇 년을 이 순간만 간절하게 기다려 왔던가!

"축하하네, 로베르트! 클라라! 정말 축하하네!"

멘델스존이 진심으로 두 사람을 축하해 주었다.

"아마도 비크 씨는 자신의 주장에 대한 증거를 찾지 못한 것 같습니다. 도리어 무고죄로 로베르트 씨에게 배상을 하게 될까 두려웠던 것이지요. 그래서 자신이 소송을 취하하는 조건으로 합의를 제의한 것 같습니다."

취하 : 신청했던 일을 취소함.

변호사는 슈만과 클라라를 바라보면서 비크가 소송을 취하한 배경에 대해 이야기를 해 주었다.

클라라는 흘러내리는 눈물과 함께 지난날의 기억들이 새어 나왔다. 그 암담하고 고통스러웠던 기억들……. 이제, 그 길고 긴 먹구름이 걷힌 것이다.

"이제 당신에게 행복한 날만이 계속될 것이라 약속하겠소. 오직 당신의 행복이 나의 행복이라고……. 지금부터 나의 생은 그것을 위해 살아갈 것이라고……."

슈만은 품에 안겨 눈물을 흘리고 있는 클라라에게 속삭이고는 오래도록 껴안았다. 그 옆에서 멘델스존은 기쁜 표정으로 슈만의 곡을 연주하였다.

법원에서 슈만과 클라라의 결혼 확정 판결이 나는 날, 비크의 서재는 적막에 잠겨 있었다. 이미 어두워진 밤이었지만, 비크는 촛불도 켜지 않은 채 어둠 속에 앉아 있었다.

이젠 비크로서도 어찌할 도리가 없었다. 아무것도 얻지 못한 채 보석 같은 클라라를 정신병자인 슈만에게 빼앗긴 증오가 비크를 괴롭혔다.

"인정하지 않을 것이다! 내가 죽는 날까지 절대로 인정하지 않을 게야!!"

어둠 속에서 고통에 진하게 묻어 있는 비크의 목소리가 새어 나왔다.

결혼은 판결이 난 그해, 클라라가 만 스물한 살이 되는 생일인 9월 13일 로 정하였다.

라이프치히에 아담한 집도 마련하였다. 결혼해서 살 집으로, 화려하진 않았지만 조용하고 아늑한 방이 있어 슈만의 취향에 맞는 곳이었다. 그리고 거실에는 슈만이 클라라에게 선물한 그랜드피아노가 놓여 있었다.

결혼 전날, 클라라에게 슈만의 선물이 전해졌다. 그것은 이 세상의 그 어떤 신랑도 보낼 수 없는 황홀한 선물이었는데, '나의 사랑하는 신부에게'라는 글이 붙어 있는 슈만의 가곡집이었다. 이는 훗날 *작품 25 「미르테의 꽃」이라는 제목으로 출간되었는데, 그 안에는 「호두나무」, 「연꽃」, 「그대는 꽃과 같이」 등 그야말로 주옥같은 곡들이 들어 있었다.

클라라에게는 슈만이 작곡한 이 작품들이 그 어떤 보석보다도 행복한 선물이었다.

마침내 라이프치히의 한 교회에서 슈만과 클라라의 결혼식이 조촐하게 거행되었다. 결혼식에는 오직 두 사람만이 참석하였는데, 클라라의 친어머니와 클라라와 슈만의 충실한 친구인 베카였다.

그것은 아름다운 날이었다. 오랫동안 숨어 있던 태양은 부드러운 축복의 빛을 결혼식을 향해 걸어가는 우리들 위에 던져 주었다.

그리고 나무숲에 둘러싸인 시골의 작은 교회에서는 슈만의 소년 시절 친구인 윌멘한 목사가 기다리고 있었다.

클라라가 자신의 일기에 결혼식 날의 풍경을 그렇게 적었다.

작품 25 「미르테의 꽃」: 1840년 결혼식 전날, 슈만이 신부 클라라에게 바친 노래이다. 제3곡은 모젠의 시로 작곡한 「호두나무」, 제7곡은 「연꽃」, 제24곡은 「그대는 꽃과 같이」이다.

두 얼굴의 로베르트

언젠가 비크가 슈만과의 결혼에 반대하면서 클라라에게 이런 말을 한 적이 있었다.

"결혼? 그게 무슨 의미인지 아느냐? 아이를 낳고 온갖 살림을 도맡아 하며 남편의 뒷바라지를 해야 함을 말하는 것이다! 피아노를 쳐야 할 네 두 손이 피아노 대신 그것을 해야 하는 것이야! 넌 피아노를 떠나서 살 수 있겠느냐, 클라라?"

클라라는 비크의 이야기가 당시에는 조금도 이해되지 않았다. 하지만 결혼을 하고 나자 당장 비크의 말은 현실이 되어 클라라 앞에 등장했다.

결혼한 후, 아담한 집에서 슈만과 함께 하루하루를 살아간다는 것은 꿈처럼 달콤한 것이었다. 늘 서로를 위한 애정이 넘쳤고 따뜻한 사랑으로 행복을 만끽했다. 이렇게 행복과 사랑이 넘치는 집에 하나둘 친구들이 모여들었다.

그럴 때마다 클라라는 익숙지 못한 솜씨로 그들을 대접하느라 진땀을 빼야 했다. 경제적으로 넉넉지 못한 만큼 하인을 많이 둘 수 없었기 때문에 클라라의 일손이 그만큼 많이 필요했다.

클라라는 피아노 앞에 앉아 있는 시간보다 집안일에 매달리는 시간이 점점 늘어 갔다.

그에 반해 슈만은 인생에 있어서 가장 충만한 시간을 보내고 있었다. 사랑하는 클라라의 애정 어린 보살핌 속에서 작곡에만 전념할 수 있었는데, 슈만의 일생에서 가장 많은 곡을 이 기간에 만들어 내었다.

많은 가곡들과 피아노곡, 그리고 교향곡에 이르기까지 수많은 명곡들이 둑이 터져 버린 강물처럼 슈만의 손에서 쏟아져 나왔다. 그렇기에 클라라는 더욱 피아노 앞에 앉아 있기가 힘들었다. 클라라의 피아노 소리가 슈만이 작곡하는 데 있어 방해가 될 게 분명했기 때문이었다.

그런 문제들은 결혼 생활의 행복 속에서 독버섯처럼 조금씩 쌓여 가고 있었다.

그 이듬해, 클라라와 슈만의 첫아이 마리에가 태어나면서 클라라는 더욱더 자신만의 시간을 가질 여유가 없었다. 그렇다고 해서 클라라가 가정에서 살림만 하고 앉아 있을 수도 없었다. 슈만의 음악들이 예술품으로는 주옥같은 가치가 있었지만 수입 면에서는 대단치가 않았기 때문이었다.

딸까지 태어나면서 슈만 가족의 생활비는 더욱 늘어나게 되었는데, 이를 채우기 위해서는 클라라의 피아노 공연만이 유일한 해답이었다. 이렇게 해서 클라라는 몸이 열 개라도 모자라는 생활을 시작한 것이다.

태어난 지 얼마 되지 않은 딸 마리에를 돌봐야 하고, 집에서 작곡에 전념하는 슈만을 챙겨야 하며, 살림을 하는 것도 모자라 연주까지 해야 하는 클라라의 일과는 무척이나 고단하였다. 그렇다고 해서 클라라는 그 어느 것 하나 포기할 수 없었다.

클라라는 자신에게 닥친 어려움을 피하거나 포기하지 않았고, 그 많은 집안일들을 묵묵히 했다. 그리고 그 틈틈이 연주회를 준비하였다.

우선 독일 내에서 연주 여행을 시작하였다. 클라라는 주로 독일 북부의 도시에서 연주회를 열었는데 결과적으로 대성공이었다. 이미 명성이 자자했던 클라라의 연주를 보기 위해 많은 사람들이 몰려들었기 때문이었다.

하지만 슈만에게는 그것이 그리 유쾌한 경험은 아니었다. 종종 슈만은 사람들로부터 클라라의 남편으로서만 대접을 받아 왔는데, 이따금씩 슈만이 무시당하는 것 같은 경우가 생기곤 했다. 이것이 슈만의 자존심을 무척 상하게 했던 것이다.

독일 북부의 항구도시 함부르크에 체류 중인 클라라는 코펜하겐으로부터 초청을 받게 되었다. 여행 중에 겪은 불쾌한 경험 때문이었는지 슈만은 클라라가 코펜하겐으로 가는 것을 탐탁지 않게 생각했다. 하지만 클라라는 이번 기회를 포기한다면 앞으로 연주자 생활에 큰 장애가 있을 거라고 판단했다. 반드시 가야만 했다.

결국, 클라라는 썩 달가워하지 않는 슈만을 아이와 함께 라이프치히로 돌려보내고 코펜하겐으로 향하는 마차에 몸을 실었다.

눈보라를 실은 칼바람이 불어왔다. 마차 안에 난 작은 창으로 흩날리는 눈

발을 바라보는 클라라는 슈만과 아이와 함께 하지 않은 것을 곧 후회했다.

딸의 얼굴이 눈앞에 맴돌았고 슈만의 따뜻한 손길이 그리웠다. 그렇지만 이대로 마차를 돌릴 수는 없는 일. 클라라는 가슴이 조여드는 그리움을 안고 덴마크의 수도 코펜하겐을 향해 북쪽으로 사라져 갔다.

"좋은 아침! 어젯밤에도 제 꿈을 꾸셨나요?"

슈만이 눈을 뜨면, 늘 밝고 사랑스러운 목소리로 클라라는 그렇게 물었다. 그리고는 슈만의 입술에 가볍게 키스를 하고는 커피가 놓여 있는 쟁반을 내려놓았다.

하지만 오늘 아침에는 슈만의 눈앞에 클라라가 보이지 않았다. 클라라가 슈만과 떨어져 코펜하겐으로 갔기 때문이었다. 결혼하고 나서 처음으로 그녀와 떨어져 지내는 슈만은 무척이나 불안하고 초조했다.

슈만은 하루 종일 클라라가 머릿속에서 떠나지 않았고 아무것도 손에 잡히지 않았다. 작곡은 생각할 수도 없었고 좀처럼 잠도 이루지 못했다.

2주 정도가 지난 어느 날, 바람이 심하게 부는 밤이었다. 마리에에게 젖을 먹이던 유모의 귀에 이상한 소리가 들려왔다.

바람 소리라고 생각한 유모가 아이를 눕히고 유리창을 다시 확인했다. 하지만 어디선가 분명히 사람의 날카로운 목소리가 또렷하게 들려왔다.

유모는 덜컥, 겁이 났다. 누군가와 싸우는 소리가 분명했는데 집 안에는 마리에와 유모 자신, 그리고 슈만이 전부였다.

도저히 방 안에 앉아 있을 수가 없었던 유모가 방을 나왔다. 유모는 소리가 나는 쪽, 불빛이 새어 나오는 문이 열린 서재로 다가갔다.

"닥쳐! 네놈이 뭐라고 지껄이는 거야? 넌 클라라의 인생에 방해만 될 뿐이야!"

슈만의 목소리가 또 다른 목소리와 싸우고 있었다.

"그녀는 이미 세계 제일의 피아니스트다! 그에 비해 넌 보잘것없는 작곡가가 아니더냐! 넌 지금 그녀의 앞길을 막고 있어!"

"그렇지 않아. 우린 서로 사랑하고 있어요. 그래요! 우린 너무도 사랑하고 있어요."

"크하하하! 사랑? 사랑이라구? 그딴 것이 다 무슨 소용인가! 그녀가 언제까지 널 사랑할 거라 생각하느냐? 사람의 마음은 변하는 거야!"

서재 안을 들여다본 유모는 깜짝 놀라지 않을 수 없었다. 마치 두 사람이 있는 것처럼 다른 목소리가 들려왔지만 실상은 슈만 혼자서 서로 다른 목소리를 내며 이야기를 주고받았던 것이다. 마치 연극을 하고 있는 것처럼 말이다.

"그렇지 않아! 클라라는 언제나 내 곁에 있을 거야. 언제나……."

"과연 그럴까? 지금도 너의 곁에 없지 않느냐?"

"그건……. 그건……."

"클라라는 널 사랑하지 않게 될 거야!!"

"닥쳐! 내 앞에서 꺼져 버려! 꺼져 버리란 말이다!"

와장창!

슈만이 미친 듯이 소리를 지르며 책상 위에 있는 물건들을 내동댕이쳤다.

슈만의 행동은 너무나도 광기가 서려 있어 유모는 말릴 생각도 못한 채 그의 눈을 피해 자신의 방으로 돌아왔다. 그녀는 문을 꼭 걸어 잠그고 아침이 올 때까지 두려움에 떨었다.

오랫동안 숨어 있던 슈만의 또 다른 인격이 모습을 드러낸 것이었다. 그것은 상당히 불길한 징조였다.

이런저런 사정이 적힌 유모의 편지가 클라라에게 도착한 것은 코펜하겐에 도착한 지 3주 정도가 지났을 때였다. 그동안 코펜하겐에서 클라라는 세 번의 연주회와 두 번의 특별출연을 했는데 그녀의 연주회는 모두 성황리에 마무리되었다.

클라라의 공연을 본 덴마크 황후는 클라라를 궁으로 초대하여 손수 온실의 장미를 잘라 선사하기도 했다.

하지만 유모의 편지를 받은 클라라는 코펜하겐에서의 일정을 빠르게 정리하고 귀국하기로 하였다. 도무지 슈만이 걱정되어 견딜 수가 없었던 것이다.

특히 유모가 편지로 남긴 슈만의 상태에 대한 부분은 클라라를 놀라게 하기 충분했다. 하지만 클라라는 그때까지도 슈만에게 정신병, 정확히 이야기하면 정신분열증이 있다는 사실을 믿지 않았다. 아버지 비크의 경고도 그저 슈만을 험담하기 위한 것쯤으로만 생각했던 것이다. 단지 그녀는 자신이 슈만의 곁에 없는 동안, 슈만이 상실감과 그리움을 느꼈기 때문에 생긴 일이라고 받아들였다.

실제로 클라라가 돌아오고 난 후, 슈만의 상태는 언제 그랬냐는 듯이 말끔해졌다. 그는 클라라에게 더없이 다정다감했고, 예전처럼 작곡에 몰두하기 시작했다.

평화가 온 것이다. 물론 그 평화는 클라라의 희생이 뒷받침되었기에 가능했던 것이지만 클라라는 그것을 희생이라 생각하지 않았다. 가정과 사회에서 해야 하는 많은 역할 때문에 때로는 힘들고 피곤했지만, 그 어떤 것도 슈만과 함께 있는 기쁨을 넘어서지 못했다. 특히 슈만과 음악에 대해서 논의할 때의 행복은 무척이나 특별한 것이었다.

"클라라. 어서 이리로!"

슈만은 작곡이 끝나기 무섭게 클라라의 손을 잡고 서재로 와서, 막 끝낸 작품의 악보를 보여 주었다.

"이 작품은 오직 당신의 연주를 상상하며 만든 것이오. 당신의 연주를 들려주오!"

그럴 때면 클라라는 마치 연주회장에 있는 것처럼 정성을 다해 슈만의 곡을 연주하였다.

"오오……. 로베르트, 진정 당신이 만든 곡인가요? 전 지금껏 이보다 더 아름다운 곡을 연주해 본 적이 없어요. 너무나 아름다워서 가슴이 다 녹아 버릴 지경이랍니다!"

클라라는 연주를 하며 슈만의 곡에 감탄했는데 그건 단지 입바른 찬사가 아니었다. 진정으로 클라라는 슈만의 작곡 능력을 존경하고 있었고, 그 천재성에 감탄하였다.

"당신의 의견을 듣고 싶소. 이 부분의 멜로디가 너무 몽상적이지 않소?"

"그렇지 않아요. 전 이대로가 정말 좋아요. 리듬도 적절하고 무엇보다도 기교가 단순해서 오히려 순수한 느낌이에요."

"나 역시 같은 생각이오. 당신이 없다면 난 도대체 누구에게 이런 의견을 물을 수 있단 말이오? 누가 나의 생각과 감정을 이해할 수 있단 말이오? 당신은 내게 보물이오, 클라라."

슈만은 결혼을 하고 나서 작곡에 더욱 몰두하기 시작하였는데, 시간이 흐를수록 작곡에 대한 집착이 더해져 갔다. 때로는 여러 날을 서재에 틀어박혀 작곡에 매달렸다. 슈만이 이 정도로 작곡에 몰두하게 된 것은 클라라가 연주 여행을 다니면서부터 그 정도가 심해졌다.

슈만 자신보다 더 주목받는 클라라에 대한 열등감 때문이었을까. 혹은 열등감까지는 아니더라도 자신의 작품이 사람들에게 인정받을 수 있다는 것을 분명하게 알고 있었을까. 결국 슈만은 작품을 완성하여 그때마다 클라라에게 인정받는 자신을 확인하고 싶었던 것인지도 모른다.

그해, 라이프치히에 유명한 음악학교가 개원을 하면서 슈만은 작곡과, 그리고 피아노과의 교수로 임명되었다. 사실, 피아노과 교수로서는 클라라가 더 뛰어났지만 클라라가 둘째 아이를 임신한 관계로 슈만이 그 직책을 맡게 된 것이다. 이러한 사실은 안 그래도 예민한 슈만의 자존심에 상처를 주는 것이었고, 이는 조금씩 그의 정신을 갉아먹고 있었다.

둘째 엘리제가 태어나면서 슈만 가족의 생활비는 부쩍 늘어났고, 그에 따라 그들의 예금 잔고가 바닥을 드러내고 있었다. 문제를 해결할 수 있는 것은 클라라가 순회공연을 하는 것뿐이었다.

순회 공연지는 러시아였다. 클라라는 아이들을 친척 집에 맡기고 슈만과 함께 가기로 하였다. 코펜하겐에서의 경험으로, 클라라는 슈만과 떨어져 있는 것이 서로에게 도움이 되지 않는다는 걸 깨달았기 때문이다. 두

사람이 함께 하는 여행이었지만 러시아까지의 여정은 무척 고생스러웠다.

러시아까지의 거리는 너무 멀었다. 주요 도시 사이에는 군데군데 철도가 깔려 있었다. 하지만 두 사람은 대부분 마차를 이용해야 했는데, 새벽부터 하루 종일 마차를 타야 했고 때때로 마차 안에서 밤을 새우기도 했다. 국경을 넘으면서부터는 추위까지 두 사람을 괴롭혔다. 그렇지만 끝없이 펼쳐진 산림과 온 세상을 하얗게 덮어 버린 눈의 풍경은 슈만과 클라라에게 무척이나 새롭고 경이로운 풍경이었다.

근 한 달여에 걸친 이동 끝에 두 사람은 상트페테르부르크에 도착했다. 그곳에는 이미 클라라의 명성이 널리 퍼져 있었고, 그녀의 공연 역시 러시아로의 오랜 여행을 보상 받을 만큼 대성공이었다. 많은 사람들이 클라라에게 열렬한 환호를 보냈고, 많은 귀족들이 클라라와 슈만을 자신의 집으로 초대하였다. 그때마다 슈만은 무척이나 초라한 자신의 모습을 보곤 했는데, 그래서였는지 종종 클라라에게까지 신경질적인 반응을 보이며 상트페테르부르크의 호텔에 틀어박혀 작곡에 몰두하였다. 그런 슈만의 모습을 보는 것은 클라라에게 무척 낯선 것이었는데, 마침내 며칠 후 아버지 비크가 경고했던 슈만의 정신병 증상과 마주하게 되었다.

러시아의 어느 귀족의 집에서 열린 저녁 파티에 초대된 클라라는 모든 일정을 마친 후, 자신이 묵고 있는 호텔로 돌아왔다. 제법 늦은 시간이었다.

호텔 방문을 열자 찬바람이 쌩하니 클라라의 얼굴을 훑고 지나갔다. 동시에 슈만의 날카로운 목소리가 들렸다.

"못 해! 그럴 수 없어! 난 할 수 없어!!"

호텔 방 안으로 들어가 보니, 베란다 창이 열려 있었고 슈만이 열린 창문의 난간에 서 있었다. 그 모습을 본 클라라는 너무 놀라 얼음이 되어 버린 것 같았다.

"넌 아무짝에도 쓸모없는 인간이야!! 크흐흐흐……. 작곡가라구? 누가 너의 그 보잘것없고 하찮은 노래를 찾는단 말이야! 사라져! 사라져 버리란 말이다!!"

전혀 다른 목소리, 지금껏 클라라가 단 한 번도 들어 보지 못한 목소리가 슈만의 입에서 흘러나왔다. 그 목소리는 무척이나 사악하여 듣는 것만으로도 소름이 돋을 정도였다.

어떻게 슈만이 저런 목소리를 낼 수 있는 것인지 클라라는 도저히 믿을 수가 없었다. 그리고 그 목소리를 낼 때 반응하는 슈만의 얼굴은 지금껏 봐 왔던 그의 얼굴이 아니었다. 너무나 생소한 얼굴과 표정이어서 전혀 다른 사람을 보는 것만 같았다.

슈만이 난간을 움켜잡고 한 걸음을 디뎌 난간 위로 올라갔다.

"그래! 바로 그거야! 차라리 그편이 나아! 그게 모두가 자유로워질 수 있는 방법이야!"

"안 돼요, 로베르트! 도대체 무슨 짓을 하는 거예요?"

클라라가 소리를 지르며 재빨리 베란다로 달려갔다. 난간 위에 한 걸음 올라서 있던 슈만이 클라라를 바라보았다.

"오! 제발, 제게로 오세요! 전 당신의 사랑이 필요해요! 그러니 제발 절 안아 주세요!"

클라라의 눈에서 눈물이 흘러내렸다.

클라라의 눈물 때문이었는지 슈만은 난간에서 내려서더니 베란다 안으로 들어와 클라라를 껴안았다.

"클라라, 무슨 일이오? 어째서 눈물을 흘리고 있소?"

슈만은 방금 있었던 일을 전혀 기억하지 못하는 것 같았다.

"당신의 품에서 전 늘 이렇게 행복의 눈물이 흐른답니다."

"나 역시 당신에게서 천국의 행복을 느낀다오. 사랑하오. 클라라, 언제나 내 곁에 있어 주오."

"그럴게요. 언제나 당신 곁에 있을게요."

클라라의 섬세한 배려 덕분인지 슈만은 오랜만에 편안한 표정으로 잠이 들었다. 하지만 클라라는 좀처럼 잠을 청할 수가 없었다. 도대체 조금 전 무엇을 본 것인지, 정녕 그것이 현실이었는지 실감이 나지 않았다.

슈만이 정신병을 갖고 있다고 주장하던 아버지 비크의 말이 떠올랐다. 유모가 두려움이 가득하여 슈만의 상태에 대해 쓴 편지도 떠올랐다.

'정말 슈만에게 정신병이 있는 것일까? 조금 전에 보았던 것은 사람들이 흔히 말하는 정신분열증이라는 것일까?'

클라라는 잠들어 있는 슈만의 얼굴을 바라보았다. 자고 있는 모습이 아이 같다는 생각이 들었다. 조금은 큰, 클라라만의 아이.

그것이 정신병이든 혹은 그렇지 않든 상관없다. 클라라는 슈만의 상태를 정상으로 만들 자신이 있었고, 무슨 일이 있어도 그의 곁을 지킬 것이라 다짐했다.

슈만과의 결혼 생활은 더없이 행복했지만 불행의 그림자가 조금씩 옷자락을 끌며 나타나고 있었다.

먹구름을 헤치고

　클라라의 러시아 연주 여행은 커다란 성공을 거두었지만, 전혀 예상하지 못했던 슈만의 병과 맞닥뜨리게 되면서 함께 집으로 돌아오고 말았다. 러시아에 있을 때는 슈만의 병이 단지 어떤 증상에 지나지 않았지만, 집으로 돌아와서는 러시아에서 구상했던 *파우스트의 작곡을 하느라 그의 병세가 심해졌다. 슈만이 여름 내내 그 곡에만 매달리면서 과로로 인해 육체적인 고통을 겪었으며, 그로 인해 신경과민 증상이 일어났기 때문이었다.
　그건 클라라에게도 말할 수 없는 고통이었다. 클라라는 슈만을 데리고 산악 지방과 온천장을 다니며 요양을 시도하였지만 별다른 효과를 보지 못하였다. 슈만은 넋 나간 듯한 멍한 모습으로 하루 종일 의자에 앉아 우

파우스트 : 독일의 작가 괴테가 생애에 걸쳐서 완성한 희곡이다. 작품성이 뛰어나 많은 예술가들이 이 작품을 음악과 문학, 연극 등 많은 분야에서 재현하기도 했다.

울하게 지내거나 말할 수 없을 만큼 기운이 빠져 클라라의 부축 없이는 걸어 다니는 것조차 힘겨워하였다. 의사도 별다른 처방을 내놓지 못했다.

이에 클라라는 드레스덴으로 이사를 하여 슈만을 간호하는 데 온 힘을 기울였다. 시간이 지나자 클라라의 간절한 간호 덕분이었는지 슈만은 어느 정도 건강을 회복하였다.

슈만이 건강을 되찾았다는 소식을 듣자 멘델스존은 라이프치히에서 클라라의 고별 연주회를 마련하였다. 연주회가 끝나자마자 클라라와 그녀의 가족은 추억 많은 라이프치히를 완전히 떠났던 것이다.

눈물과 함께……. 그러나 탄생의 땅이라는 것 이외에는 나의 마음을 잡아매는 것이 별로 없다.

클라라는 라이프치히를 떠나는 심정을 일기에 그렇게 기록했는데, 슈만의 건강 때문에 얼마나 상심이 컸는지 그 짧은 문장만으로도 미루어 짐작할 수 있다.

슈만의 병은 현대 의학의 기준으로 해리성 정체감 장애, 흔히 다중인격이라고 불리는 정신질환이었다. 슈만도 스스로 자신이 그러한 사실을 알고 있었기에 서로 다른 인격에 각각의 이름을 붙여 주었다. 오이제비우스와 플로레스탄이라는 이름이었는데, 작곡을 하거나 글을 쓸 때 이 두 가지의 이름을 쓰곤 했다. 그것은 이 두 가지 인격들이 자주 현실로 드러났다는 것을 의미하는 것이었다.

이 두 개의 인격은 정반대의 성격을 지니고 있었다. 오이제비우스가

내성적이고 우울한 면이 많은 반면, 플로레스탄은 열정적인 성격이었다.

문제는 바로 오이제비우스 특유의 음울한 성격이 발전할 때, 종종 슈만을 자살 충동에 휩싸이게 하거나 스스로를 해치게 만드는 경향이 있다는 것이었다.

그즈음 슈만의 머릿속을 지배한 것은 바로 그 오이제비우스로 엄청난 걸작을 만들어 내야 한다는 강박관념이었다. 슈만은 그런 고통에 휩싸인 채 작곡에 몰두하였고, 그러한 정신적인 학대는 그를 깊은 우울함 속으로 빠져들게 함으로써 더욱 병을 깊게 하는 악순환으로 이어졌던 것이다.

의사도 별 도움이 되지 않는 상황에서 클라라가 할 수 있는 것은 극진한 간호뿐이었다. 슈만을 치료하기 위해 클라라는 *대위법이라고 하는 것을 생각해 냈는데, 그것은 같은 주제를 놓고 여러 사람들이 작곡을 한 다음 그 결과물을 놓고 함께 검토하는 것으로 우울한 슈만에게 대화를 유도하기 위한 것이었다.

실제로 그 방법은 상당한 효과가 있어, 몇 달 후 여름이 가까워질 때쯤에 슈만은 거의 예전의 건강한 모습을 되찾았다.

슈만은 정신질환에 고생하면서도 무척이나 많은 작품들을 작곡했는데, 그의 일생을 통틀어 작곡한 작품의 반 이상을 결혼한 후 몇 년 안에 작곡했으니 실로 무서울 정도의 창작열이라 할 수 있을 것이다. 훗날 이 곡들의 대부분이 낭만파 음악의 명곡으로 인정받고 있다.

대위법 : 둘 이상의 멜로디를 독립적으로 진행하면서도 음향적으로 조화를 이루는 기법.

당시 슈만과 실력을 견줄 수 있는 사람은 리하르트 바그너였다.

독일 라이프치히 출신인 바그너는 슈만보다 세 살 어린 1813년생의 작곡가였다. 그는 주로 오페라 같은 대작을 작곡하여 많은 대중적인 인기를 얻었는데, 대표작으로는 「탄호이저」, 「니벨룽겐의 노래」 등이 있다.

슈만과 바그너는 이미 학생 때부터 친분이 있던 사이로, 슈만이 드레스덴으로 이주해 오면서 이미 그곳에 살고 있던 바그너와 자주 어울렸다. 하지만 바그너는 여러모로 슈만과는 달랐다. 우선 그는 무척이나 말을 술술 능숙하게 잘했고 내성적인 슈만과 달리 항상 적극적으로 나서는 성격이었다. 훗날 드레스덴의 민중 혁명에 참여한 것은 우연이 아니었다.

이런 두 사람의 정반대 성향은 음악에도 영향을 미칠 수밖에 없었고, 후에 바그너는 낭만파 음악을 비난한 리스트 편에 서서 슈만과 대립하게 되었다.

클라라의 헌신적인 노력으로 슈만이 어느 정도 건강을 회복하자, 클라라는 연주 여행을 떠나지 않을 수 없었다. 드레스덴으로 옮기고 난 후, 클라라는 2년 동안 두 명의 아이를 더 낳아 자녀가 어느새 네 명으로 불었고, 그만큼 경제적인 압박이 늘었기 때문이다.

육체적으로 쉴 틈이라고는 전혀 없는 강행군이나 마찬가지였다. 만약에 비크의 말대로 클라라가 경제적으로 부유한 사람과 결혼을 했다면 좀 더 편안한 생활을 즐겼을지도 모른다. 많은 하인들이 자신과 아이들의 시중을 들었을 것이며, 늘 생활고와 싸우며 피아노를 치지 않아도 됐을 것이다.

하지만 클라라는 후회하지 않았다. 그녀는 자신이 선택한 운명에 맞서

기꺼이 희생하였다. 육체적인 괴로움 속에서도 슈만, 그리고 자신의 아이들과 함께 있는 기쁨은 그 어떤 것보다도 달콤한 것이었다.

슈만 부부는 빈에서 몇 달을 체류하면서 연주회를 가졌다. 그즈음 클라라는 여성 피아니스트 중에서 명실상부한 일인자가 되었다. 농익은 연주 실력에 관록까지 더해졌고, 슈만과 음악을 함께하며 음악을 해석하는 능력 역시 탁월하게 발전했다. 그런 클라라의 연주회는 늘 화제의 중심이 되기에 충분한 것이었다.

그사이 해가 바뀌어 1847년이 되었다. 이때는 슈만 부부에게 있어 무척이나 어두운 해였다.

불과 한 살밖에 되지 않은 슈만 부부의 첫 아들이자 넷째 아이가 점점 몸이 쇠약해지더니 클라라의 치열한 노력에도 불구하고 기어이 몇 달 후에 눈을 감았다.

"오오! 로베르트……. 에밀, 그 애는 이 세상에서 아무 기쁨도 얻지 못했어요. 그 애가 웃는 모습을 본 건 딱 한 번뿐이었어요!"

클라라는 슈만의 품에 안겨 눈물을 흘렸다.

11월에는 두 사람과 아주 친한 벗인 멘델스존이 뇌출혈을 일으켜 쓰러졌다는 소식이 날아왔다. 멘델스존은 아직 젊은 나이였기에 설마 잘못될 리는 없을 거라 믿고 있던 슈만 부부였지만, 곧이어 멘델스존의 사망 소식이 도착했다. 불과 2주일 사이에 벌어진 일이었다.

멘델스존은 슈만 부부에게 없어서는 안 될 친구이자 영혼의 벗이었다.

특히 슈만의 충격은 엄청난 것이었다. 음악적으로 같은 낭만파로 분류

될 만큼 성향이 비슷했던 두 사람은 서로의 음악 동지가 되어 격려하고 의지해 왔다. 오래전부터 형제 이상의 각별한 사이를 유지해 왔기에 그 상실감이 엄청날 수밖에 없었다. 실제로 멘델스존의 장례식에 참석하고 집에 돌아온 슈만은 한동안 말을 잃은 채 집 안에만 틀어박혀 있어 클라라를 애태웠다.

그로부터 2년 동안은 슈만 부부에게 그나마 평온한 시간이었다. 그들 사이에서 다섯째 아이 루드비크가 태어났고, 슈만은 남자 합창단의 지휘를 맡게 되어 그것에 열중하기 시작했다.

하지만 1849년에 접어들자 독일 전역은 혁명의 소용돌이 속으로 빠져 들었다. 베를린에서 시민과 군대가 충돌하여 많은 사람이 죽고 다치는 일이 발생하였다. 슈만 부부가 사는 드레스덴에서도 조국협회를 중심으로 혁명의 불길이 번져 갔다. 바그너는 그 조직의 중심인물이 되어 여기저기서 불같은 연설을 하였다. 마침내 드레스덴에도 혁명의 불길이 타오른 것이다. 일명 *드레스덴 혁명이었다.

북소리와 총소리가 도시를 뒤덮었고, 이미 시내 한복판은 *무정부 상태로 변해 버렸다. 쉴 새 없이 노략질과 폭동이 일어났고, 경비원들 사이에서도 전투가 일어나 사살된 시체들이 거리에 나뒹굴었다. 언제, 어디서, 누가 혁명에 휘말려 희생될지 아무도 모르는 상황이었다.

드레스덴 혁명 : 당시 독일은 오스트리아와 합쳐져 '독일연방'으로 불리고 있었다. 사실 독일 국민들은 오스트리아의 지배 아래 있는 것을 불만으로 여겨, 오스트리아를 제외한 순수 독일인의 나라를 세우기를 바랐다. 그러던 중 1848년에 프랑스에서 2월 혁명이 일어나자 독일 사람들도 오스트리아로부터 독립하기 위해 혁명을 일으켰다.

무정부 상태 : 정부가 없는, 즉 지도자가 없는 무질서한 상황을 말한다.

　슈만 가족이라고 해서 예외가 될 수 없었다. 그런 위기를 직감한 것은 클라라였다. 혁명이 어떻게 진행되고 있는지 상황을 예의 주시하던 클라라는 저녁이 되자 급히 하녀를 부르더니 부리나케 짐을 챙기기 시작했다.
　"짐은 되도록 간단하게 챙겨요. 아이들 옷들을 빼먹지 말구요. 서둘러요!"
　그리고는 주로 집안에서 힘쓰는 일을 하는 하인을 불렀다. 그가 시위대에 아직 합류하지 않은 것은 천만다행이었다.
　"마차를 구해 줘요!"
　"지금 말입니까? 이 시간에 마차를 구하는 것은 쉽지 않습니다."
　"돈은 상관 마시고 반드시 구해 와야 해요. 그것도 되도록 빨리요! 부탁할게요!"
　"알겠습니다. 무슨 수를 써서라도 마차를 구해 올 테니 너무 걱정하지 마십시오, 사모님!"
　마차를 구하기 위해 하인을 보낸 클라라는 아이들을 챙긴 후 서재로 갔다.
　그곳에서 슈만이 밖에서 어떤 상황이 진행되고 있는지는 전혀 상관없이 악보에만 매달려 있었다. 그는 요즘 들어 다시 신경이 약해지는 기미를 보이고 있었다.
　클라라는 슈만에게 다급히 외쳤다.
　"여보! 지금은 악보를 보고 있을 때가 아니랍니다! 저를 도와주세요."
　"무슨 일이오? 밖이 시끄러워서 그런 것이오? 우리에게는 아무 일도 없을 테니 너무 걱정하지 말아요, 클라라!"
　"그렇지 않아요! 여기서 피해야 해요! 반드시 그래야 돼요! 곧 마차가 올 거예요!"

슈만과는 달리 클라라는 몹시도 초조하고 불안했다.

정부에서는 시위대에 맞서 자위대를 조직했는데, 이를 위해 독일 남성들이 모조리 소집되고 있다는 것을 알았던 것이다. 클라라는 곧 슈만에게도 그들이 들이닥칠 거라고 생각했다.

만약 슈만이 그들과 함께 싸움터에 끌려 나간다면, 그렇지 않아도 신경이 약한 그는 치명타를 입을 수밖에 없었다.

클라라의 예상대로 자위대는 독일의 모든 남자들을 집안에서 끌어내어 자위대에 합류시켰다. 개중에는 나이가 어리거나 제법 나이가 많은 사람들도 끌려 나왔다.

자위대는 점점 슈만의 집 근처로 다가오고 있었다.

클라라는 간단히 짐을 꾸리고 슈만의 등을 떠밀다시피 하여 집 밖으로 내보낸 후, 마차를 기다렸다. 마차가 오지 않는다면 슈만의 운명도 크게 달라질 터였다.

"사모님! 자위대가 릴케의 식료품점까지 들이닥쳐 릴케 씨를 잡아갔어요!!"

상황을 살펴보러 밖으로 나갔던 하녀가 급하게 돌아와 말했다.

릴케의 식료품점이라면 마을 입구에 있는 곳이었다. 그렇다면 자위대가 슈만 가족의 집까지 오는 데는 길어야 30분 정도의 시간밖에 없었다. 클라라의 불안은 극에 달했다.

바로 그때 마차가 집 앞에 도착했다. 하인이 필사적으로 마차를 구해 왔던 것이다.

"자, 어서 마차에 오르십시오! 곧 자위대가 도착할 겁니다!"

"고마워요! 정말 고마워요!"

"아닙니다! 사모님이 제 아내와 아이들에게 베풀어 주신 은혜를 생각하면 이건 아무것도 아니지요!"

하인은 당연한 일이라는 듯이 슈만 부부의 아이들을 마차에 태웠다.

예전에 하인의 아내와 자녀들이 심각한 병에 걸렸지만, 돈이 없어서 의사에게 치료를 받지 못하고 있었다. 이를 안 클라라가 기꺼이 돈을 마련해 주었고, 그 덕분에 그의 아내와 자녀들이 목숨을 건진 적이 있었다.

클라라는 슈만이 마차에 오르자 다급히 말했다.

"아이들과 함께 먼저 여기를 피하세요!"

"당신은 가지 않겠단 말이오? 그럴 순 없소. 당신을 두고 갈 순 없소!"

"전 괜찮아요! 제가 남아서 집을 지키지 않는다면 집에 있는 모든 것이 사라질 거예요! 나중에 곧 따라갈 테니 먼저 가세요!"

클라라는 주저하는 슈만을 달랜 후, 겨우 마차를 출발시켰다.

마차가 어둠 속으로 사라진 지 불과 몇 분 후에 슈만의 집으로 자위대가 들이닥쳤다. 거칠게 출입문을 두드리는 소리에 클라라는 침착하게 문을 열었다.

"무슨 일이죠?"

"당신의 남편을 데리러 왔소. 시위대와의 싸움에 투입될 것이오!"

"제 남편은 이미 며칠 전에 지휘를 하기 위해 라이프치히로 갔어요. 믿지 못하겠거든 얼마든지 찾아봐도 좋아요."

클라라는 한 치의 흐트러짐도 없는 말투로 또박또박 말했다.

클라라를 의심스럽게 노려보던 자위대는 집 안 구석구석을 샅샅이 뒤지기 시작했다. 하지만 성과를 얻지 못한 채 그들은 슈만의 집을 나설

수밖에 없었다.

그제야 클라라는 의자에 주저앉아 떨리는 마음을 진정시켰다.

불과 몇 분만 늦게 움직였어도 슈만은 자위대에 끌려갔을 것이고 그에 따라 운명도 달라졌을 것이다. 클라라는 4명의 자녀들과 허약한 남편을 도맡아 보호하는 강인하고도 헌신적인 어머니이자 아내였던 것이다.

폭도들의 소동이 휩쓸고 간 폐허의 거리는 차마 볼 수 없는 광경이었다. 수천 개의 총탄이 뚫고 간 집들의 벽은 허물어지고 극장은 소실되었으며 타다 남은 건물과 가구들의 잿더미 위에서는 아직도 유령들의 신음이 들리는 것만 같았다.

얼마나 많은 생명이 희생을 당한 것일까.

클라라는 일주일 동안의 폭동이 진압되고 난 후의 도시 모습을 일기에 그렇게 적었다.

그해 가을, 뒤셀도르프에서 슈만을 관현악단과 합창단의 지휘자로 초빙하기 위한 제의가 들어왔다. 슈만은 드레스덴에 더 남고 싶었지만 클라라의 의견에 따라 뒤셀도르프로 이주하기로 했다.

드레스덴에서 생활한 6년 동안 식구들의 숫자가 늘고 아이들이 많이 성장해 가는 행복 속에서 슈만은 많은 작품을 썼다. 하지만 슈만의 사회적 지위는 그리 높아진 것이 아니었다.

클라라는 그 점이 내심 마음에 들지 않았다.

슈만은 그 누구보다도 천재적인 능력을 지니고 있었다. 그가 작곡한 노래들은 하나같이 수준 높은 명곡들이었다. 그런데도 슈만의 명성은 멘델스존이나 리스트, 바그너에 미치지 못했다. 물론 슈만은 손가락을 다치고 난 후부터 그들처럼 피아니스트를 겸할 수 없다는 한계가 있긴 했다. 하지만 클라라는 슈만의 내성적이고 사회적이지 못한 성격이 더 큰 이유라고 생각했다. 슈만이 유명해져야 사람들은 슈만이 만든 노래를 더 쉽게 접하게 될 것이다. 클라라는 그 점을 늘 안타깝게 생각했다.

클라라가 자신의 연주회를 열 때면 레퍼토리에 반드시 슈만이 만든 노래를 넣고 연주했다. 하지만 다른 음악가들이 그의 작품을 연주할 확률은 적었다. 명성을 가진 작곡가들의 작품에 비해 슈만은 아직 그 존재가 친숙하지 않았기 때문이었다.

클라라가 뒤셀도르프행을 고집한 것은 아무래도 그가 관현악단과 합창단을 지휘하는 것이 사회성을 높이는 데 도움이 될 거라는 판단 때문이었다.

뒤셀도르프의 분위기는 드레스덴과 사뭇 달랐다.

슈만과 클라라가 호텔에 도착해서 여행 가방을 풀기도 전에 호텔 창문 아래에서 두 사람을 환영하는 세레나데가 울려 퍼졌다. 합창단 회원들과 사람들이 한데 뭉쳐서 깜짝 선물을 한 것이었다. 무척이나 따뜻하고 기분 좋은 환영이었다.

그날 밤, 슈만과 클라라를 환영하는 파티에서는 사람들의 박수와 나팔 소리, 그리고 슈만의 가곡들이 어우러진 무척이나 흥겨운 자리가 이어졌다. 그런 활기찬 분위기는 슈만 부부에게 무척이나 즐거운 것이었다.

하지만 즐거움은 그리 오래가지 못했다. 슈만 부부는 이 도시에서 마음에 드는 집을 찾지 못했던 것이다. 공업 도시로, 주택을 구하기 힘들었던 뒤셀도르프에서 겨우 얻은 집은 도로에서 가까운 곳이라 거리의 소음이 심각했다. 마차가 움직이는 소리, 그리고 아이들의 아우성은 곡을 창작하는 데 집중해 있는 슈만을 괴롭혔다.

할 수 없이 클라라는 다소 무리하여 집을 옮겼다. 두 개의 음악실이 있는 집이었다. 이제 클라라는 슈만의 창작에 방해가 될지 모른다는 강박감에서 벗어나 마음 놓고 피아노를 연습할 수 있게 되었다. 그리고 많은 아이들을 돌보느라 거의 중단하다시피 했던 연주 여행을 다시 준비했다.

하지만 문제는 다시 발생했다. 바로 슈만의 지휘자 생활이었다. 지휘자가 많은 단원들을 다루는 일은 음악적 능력만으로 되는 일은 아니었다. 애초부터 슈만에게서 그런 원만한 사회관계와 통솔력을 바라는 것은 무리한 일이었다.

이러한 자신의 약점을 알고 있던 슈만이 노력을 하지 않은 것은 아니었다. 그도 어떻게 해서든 관현악단과 합창단을 잘 이끌고 싶어서 나름대로 많은 노력을 하였지만 상황은 점점 나빠졌다. 더군다나 그의 지휘자 자리를 탐내는 사람들의 모함도 더해졌다.

이런 지휘자 생활의 불협화음은 슈만에게 엄청난 스트레스로 다가왔고, 슈만의 건강을 크게 위협했다. 신경쇠약과 더불어 청각에까지 이상이 생겨 그는 잠을 이루지 못했다.

암울하고 고통스런 나날 속에서도 슈만 부부에게 반짝이는 햇살 같은 기쁨이 찾아들었다. 그중 하나가 헝가리의 바이올리니스트 요제프 요아힘이었다.

　요아힘은 오래전 그가 소년이었을 때부터 두각을 나타낸 슈만을 무척 존경하고 있었다. 천재 작곡가이자 연주자인 슈만을 스승처럼 따르곤 했던 요아힘이 훌륭한 청년으로 성장하여 슈만 부부를 찾아온 것이다. 그의 바이올린 연주는 클라라에게도 슈만에게도 무척이나 감동적이었다. 요아힘의 연주에 대한 감동 때문이었는지 슈만은 특별히 요아힘을 위하여 바이올린 곡을 작곡하기도 하였다.

　그런 슈만의 마음에 대한 보답이었을까? 요아힘은 슈만 부부에게 무엇보다도 귀중하고 아름다운 선물을 하였다.

　바로 열아홉 청년 *요하네스 브람스였다.

요하네스 브람스 : 1833년 5월 7일, 독일 함부르크에서 태어난 작곡가이다. 대표작으로는 1868년에 작곡한, 어머니의 죽음을 애도하는 「독일 레퀴엠」이 있다. 말년에는 황제로부터 대훈장을 받기도 한 그는 1897년에 세상을 떠났지만 독일 음악의 거장으로 오늘날까지 우뚝 서 있다.

슈만 부부의 영원한 벗, 브람스

슈만과 결혼한 지 14년째 되는 해의 9월 13일은 클라라의 생일이었다. 그녀에게는 여섯 명의 귀여운 아이들이 있었고 슈만이 곁에 있었다. 아이들과 슈만을 함께 돌보는 일은 육체적으로 무척이나 힘든 일이었지만 클라라는 늘 따뜻한 사랑 속에서 행복을 느꼈다.

생일날 오후, 교외로 외출했던 클라라가 집으로 돌아왔다.

집 안은 텅 빈 것처럼 고요했고, 늘 부산스러운 아이들과 일하는 하인들의 모습이 보이지 않았다. 슈만의 모습도 마찬가지였다. 클라라는 아이들의 이름을 부르며 자신의 방문을 활짝 열었다. 그 순간 그녀는 너무나 놀라 동상처럼 굳어 버렸다.

방 안에는 꽃으로 장식된 그랜드피아노가 놓여 있었고, 그 앞에 슈만이 아이들과 함께 서서 생일을 축하하는 노래를 불러 주었다.

클라라가 할 수 있는 것은 이 아이들과 슈만을 자신에게 보내 준 신께

감사하는 것, 그리고 아이들과 슈만을 일일이 안아 주고 입을 맞춰 주는 것이었다.

행복이 클수록 클라라의 마음 한구석에서는 불안감도 커져 갔다. 슈만의 건강이 나날이 나빠졌기 때문이었다. 뼈와 관절, 근육 등이 굳거나 아파서 움직이기가 힘든 류머티즘 증상이 나타났으며 다중인격이 등장하는 횟수도 점차 많아졌다.

행복과 불행의 경계선 위에 서 있던 어느 날이었다.

똑똑똑!

"계십니까?"

노크 소리와 함께 무척이나 들떠 있는 목소리가 슈만의 집 안으로 울려 퍼졌다.

"누구시죠?"

큰딸 마리에가 현관문을 열었다.

"요하네스 브람스라고 합니다."

배낭을 어깨에 메고 온통 진흙투성이가 된 장화를 신고 있는 그는 이목구비가 뚜렷한 미남이었다. 그는 금발의 긴 머리칼을 휘날리며 말했다.

"슈만 선생님을 뵐 수 있을까요?"

브람스는 소개장을 내밀었다. 요제프 요아힘이 쓴 소개장이었다.

"들어오세요."

브람스가 마리에를 따라 슈만의 서재로 들어섰다.

요아힘의 소개장을 읽은 슈만이 브람스에게 손을 내밀어 악수를 청했다.

"슈만이라고 하네."

"요, 요하네스 브람스라고 합니다. 그냥 요하네스라고 불러 주십시오!"

멍하니 서 있던 브람스가 슈만을 보더니 화들짝 놀라며 무척이나 흥분한 채로 슈만의 손을 잡았다.

"긴장할 거 없네. 자네 집이라 편하게 생각하게. 자, 이리로."

슈만이 브람스를 피아노 앞으로 데리고 갔다.

"자네 작품을 들려줄 수 있겠나?"

"물론입니다."

브람스가 피아노 앞에 앉았다. 자신이 그토록 존경하는 슈만 앞에서 피아노를 연주한다는 사실에 몹시 긴장한 듯 쉽게 손이 움직여지지 않았다. 브람스는 눈을 감고 깊게 숨을 들이마셨다. 잠시 후, 차분해진 브람스는 양손을 피아노 건반 위에 올려 손가락을 움직이기 시작했다. 곧, 아름다운 소리가 집 안에 울려 퍼졌다.

"잠깐만 기다려 주게."

한동안 브람스의 연주를 듣던 슈만이 방을 나가더니 클라라를 데리고 다시 안으로 들어왔다.

"들어 보아요. 클라라, 결코 당신이 들어 본 적이 없는 음악일 것이오."

"그래요?"

클라라는 슈만의 말에 반신반의하며 피아노 앞에 앉아 있는 브람스를 바라보았다. 매혹적인 브람스의 파란 눈동자가 눈에 들어왔.

브람스 역시 자신보다 훨씬 나이가 많았지만 클라라의 모습이 무척 아름답다고 생각했다.

"다시 한 번 그 소나타를 들려주겠나?"

슈만의 부탁에 브람스는 흔쾌히 고개를 끄덕였다. 곧이어 아름다운 소나타가 방 안에 울려 퍼졌다.

슈만은 첫눈에 브람스의 재능을 알아보았다. 그 옛날, 쇼팽의 천재성을 단박에 알아본 것처럼 말이다. 클라라는 브람스가 작곡한 소나타의 뛰어난 음악성은 인정했지만 브람스의 피아노 연주에는 약점이 많다고 생각했다. 그 점은 브람스 자신도 잘 알고 있었는데, 그는 그동안 순전히 혼자서 피아노를 공부하여 연주해 왔기 때문에 당연히 연주에 있어서는 많은 점들이 부족했다.

"그래. 이곳 뒤셀도르프에 지낼 곳을 마련한 건가?"

"아직입니다."

"오, 그런가? 그렇다면 우리 집에서 지내는 것은 어떤가?"

그러면서 슈만은 클라라에게 물었다.

"어떻소, 클라라?"

"당신만 좋다면 전 언제든 찬성이에요."

브람스의 재능에 반한 슈만은 그의 음악 스승을 하는 것은 물론, 그를 자신의 집에 머물게 하였다. 뿐만 아니라 슈만은 그 옛날 쇼팽에게 그랬듯이 자신이 운영하는 잡지인 〈음악신보〉에 브람스를 소개했다. 클라라 역시 브람스의 부탁을 받아들여 그에게 피아노를 가르쳐 주었다.

브람스에게 있어 슈만 부부의 호의는 엄청난 것이었다. 아직 이름도 알려지지 않은 신출내기 음악가가 당대 최고 음악가의 후원을 등에 업는다는 것은 엄청난 행운이었다. 독일에서 명실상부한 작곡가 슈만과 최정상의 피아니스트 클라라가 아닌가.

뿐만 아니라 브람스는 슈만 부부와 함께 한 식구처럼 지내면서 생활의 안정까지 더해졌다. 이는 브람스가 음악에 매진하는 데 있어 더없이 좋은 환경을 만들어 주었다.

하지만 이러한 행운들은 브람스에게 무척 부담이 되는 것이기도 했다. 슈만이 이미 권위 있는 음악 잡지에 브람스를 가히 '베토벤에 버금가는 천재'라고 소개했기 때문에 그에 걸맞은 작품을 만들어야만 했다. 이는 브람스의 일생에 걸쳐 큰 압박이었지만 그는 이러한 부담을 이겨 내는 길은 오직 음악에 집중하고 노력하는 것뿐이라는 사실을 잘 알고 있었다. 실제로 브람스는 음악에 굉장히 매달렸다.

슈만은 브람스를 무척이나 아껴 한시도 그를 자신의 곁에서 떼어 놓지 않으려 했다. 그 때문에 클라라는 종종 '로베르트의 요하네스'라고 놀려 부르기도 하였다.

슈만은 무척이나 마음에 드는 음악적인 동지를 얻었지만 그의 병은 점차 깊어져 갔다. 당연히 관현악단과 합창단의 지휘자로서 정상적인 활동도 하기가 힘들게 되었다.

점차 단원들 사이에서는 슈만에 대한 안 좋은 소문들이 떠돌기 시작했다. 주로 슈만의 정신 상태를 의심하는 것들이었다. 마침내 음악협회 대표가 클라라를 찾아와 슈만에게 자작곡의 지휘를 맡기겠다고 통보하였다. 슈만을 해고하겠다는 말과 마찬가지였지만 어쩔 수 없는 일이었다.

하지만 슈만의 작곡가로서의 명성과 그의 음악에 대한 인기는 날로 높아져 갔다. 어느 날인가 클라라가 로테르담 연주회에서 화려하게 공연을 마치고 슈만과 함께 호텔로 돌아오고 있었는데, 미리 슈만 부부를 기다

리고 있던 팬들이 횃불을 들고 슈만의 *작품 112 「장미의 순례」를 불러 주었다. 무척이나 감동적인 순간이었다.

 슈만의 병이 깊어지면서 클라라는 육체적으로 더욱 힘든 나날을 보내야 했다. 슈만을 간호하는 시간이 길어진 것은 물론이고, 여섯 명의 아이들도 돌봐야 했다. 게다가 늘어만 가는 집안 살림과 자신의 연주 여행에 대한 일도 맡아야 했고, 심지어 브람스를 가르치는 일까지 눈코 뜰 새 없는 하루가 이어졌다.

 다행히 큰딸과 둘째 딸이 부쩍 성장하여 엄마 클라라를 도와주긴 했지만, 그건 클라라가 감당해야 할 많은 일들 중에 극히 일부분이었다.

 하지만 클라라는 전혀 힘든 내색을 하지 않았다. 아이들에게도 슈만에게도 되도록 웃는 모습을 보이려고 노력했다.

 브람스에게도 마찬가지였다. 그에게 피아노를 가르치는 시간은 그녀의 모든 일과가 끝난 시간이 대부분이었다. 몹시 피곤할 시간이었지만 클라라는 결코 그런 내색을 하지 않았다. 클라라는 무척이나 다정스럽게 자신이 알고 있는 모든 피아노 연주법을 브람스에게 설명했다.

 그런 클라라의 모습은 브람스가 존경할 만한 것이었다.

 모든 것이 다 그랬다. 그 많은 일들을 모두 훌륭하게 해내는 것, 늘 슈만에게 헌신적인 것, 거기다가 언제 봐도 감탄스러운 피아노 실력까지 어느 하나 놀랍지 않은 게 없었다.

작품 112 「장미의 순례」 : 1851년에 슈만이 작곡한 가곡. 동화를 원작으로 한 이 곡은 서정적인 분위기를 풍긴다.

그런 놀라움이 시간이 흐르면서 좋은 감정으로 변하였고, 마침내 브람스는 클라라를 사랑하게 되었다. 스승의 부인, 그것도 14살이나 연상인 여인을 사랑한다는 것은 브람스로서도 무척이나 당혹스러운 감정이었다.

하지만 마음대로 할 수 없는 것이 인간의 감정이 아니든가. 피하려고 하면 할수록 브람스의 마음에서 클라라에 대한 애정은 커져만 갔다.

그렇지만 그건 함부로 내보일 수 없는 감정이었다. 불면과 고뇌의 밤들을 보내면서 브람스는 이루지 못할 사랑의 고통을 안고 그저 작품에 몰두할 수밖에 없었다.

브람스에게 피아노를 가르치기 위해 많은 시간을 함께하는 클라라가 브람스의 상태에 대해서 눈치채지 못할 리가 없었다. 때때로 자신을 바라보는 브람스의 얼굴이 빨개지고, 자신과 눈을 제대로 마주치지도 못했으며, 어쩌다 서로의 손이 부딪치기라도 하면 깜짝깜짝 놀라는 그의 모습에서 클라라는 바로 직감했던 것이다.

하지만 클라라는 아무 말도 하지 않았다. 그녀는 브람스의 상태를 잠시 스쳐 지나가는 어린아이의 감정으로 생각했던 것이다.

사실, 클라라의 머릿속은 부쩍 나빠진 슈만의 건강 상태에 대한 걱정으로 가득 차 있어 브람스의 감정을 생각할 여유도 없었다.

늦겨울, 세찬 비가 쏟아지던 어느 날이었다. 그날도 하루 일과를 끝낸 클라라가 자신의 방에서 브람스의 피아노 연습을 봐주고 있었다.

브람스가 슈만의 집에서 함께 지낸 지도 벌써 몇 달이 흘렀고, 브람스의 피아노 실력도 놀랄 만큼 성장했다. 그런 성장 속도는 피아노를 가르

치는 클라라에게도 무척이나 경이로운 일이었다. 지금껏 그렇게 빠른 속도로 성장하는 사람을 만나 본 적이 없었던 것이다.

클라라는 브람스가 성장하는 과정을 보며 슈만의 눈이 틀리지 않았다는 걸 깨달았다.

"이제 더 가르칠 게 없을 것 같은데……."

클라라가 브람스의 연주가 끝나자 웃으며 말했다.

"그럴 리가요. 전 이제 겨우 시작인데요, 뭐. 그나마 이 정도 수준에 도달할 수 있는 것도 모두 사모님의 지도 덕분입니다."

브람스가 무척 용기를 내어 말했다.

"*연탄이나 한번 할까?"

무슨 생각이 들었는지 클라라가 브람스 옆에 앉았다. 아마도 브람스의 감미로운 연주 때문에 피아노를 치고 싶어진 듯했다.

클라라가 건반을 눌렀다. 슈만이 작곡한 연탄곡인 「무도회의 정경」이었다. 멜로디가 시작되자 브람스 역시 피아노를 치기 시작했다.

클라라와 연탄을 한다는 것은 브람스로서 심장이 멈출 정도로 기쁜 일이었고 가슴 떨리는 일이었다. 마치 피아노 건반을 따라 클라라와 하나로 연결된 것 같았다.

클라라 역시 모처럼 긴장을 풀고 편안하게 피아노를 연주하고 있었다. 그 순간만큼은 모든 시름을 잊으려는 듯이 피아노에 집중했다.

바로 그 때, 번개와 함께 굉음이 울려 퍼졌다.

연탄 : 한 피아노에 두 명이 앉아 함께 곡을 연주하는 것.

복도를 지나던 열세 살의 마리에가 얼어붙은 듯이 서서 꼼짝도 하지 않았다. 창백한 얼굴의 아버지 슈만이 초점을 잃은 눈동자로 마리에를 보고 있었는데, 번쩍거리는 번갯불에 비친 그의 모습이 무척이나 무서웠던 것이다. 슈만은 딸 마리에를 알아보지도 못하는 듯 한참을 노려보더니 획 돌아서 어디론가 사라져 버렸다.

마리에는 그제야 다리에 힘이 축 풀리며 바닥에 주저앉았다. 너무나 무서웠던 것이다.

얼마나 앉아 있었을까? 마리에가 문득 자리에서 일어나 슈만의 방문을 열어 보았다. 슈만은 거기에 없었다. 다른 방들을 찾아보았지만 어디에도 그의 모습은 보이지 않았다.

마리에는 지금은 브람스의 연습실이 되어 버린 어머니 클라라의 서재로 뛰어가 빌컥 문을 열었다.

연탄을 하고 있던 클라라와 브람스가 흠칫하며 고개를 돌렸다.

"아빠가 없어요! 아빠가 없어졌다구요!"

마리에가 소리를 치고는 울음을 터트렸다.

"그게 무슨 소리니? 아빠가 없어졌다니!"

놀란 클라라가 온 집안을 다 뒤지면서 슈만의 이름을 부르더니 곧, 밖으로 뛰쳐나갔다.

번쩍! 쏴아아아~~~!

쏟아지는 비에 클라라의 옷은 금세 흠뻑 젖어 들었고, 시리도록 추운 기운이 온몸으로 송곳처럼 파고들었다. 하지만 클라라에게 추위 따위는 안중에도 없었다. 그녀의 모든 신경은 갑자기 어디론가 사라져 버린 슈만의 생사에만 맞춰져 있었다.

클라라는 미친 듯이 슈만의 이름을 부르며 이곳저곳을 헤매고 다녔다.

클라라를 따라서 밖으로 나와 슈만을 찾고 있던 브람스의 눈에 그런 그녀의 모습이 들어왔다. 필사적으로 슈만을 부르며 빗속을 헤매고 있는 클라라의 처절한 모습은 브람스에게 슈만이 갑작스럽게 사라진 것에 못지않은 충격이었다.

도무지 흉내조차 낼 수 없는 치열한 사랑이었다. 또한 치열한 사랑만큼이나 빛나는 아름다움이었다. 결코 자신이 가질 수 없는 그런 사랑이었다.

아름다운 이별, 그리고 끝나지 않은 시간들

슈만은 새벽이 되어서야 사람들에게 업혀 집으로 돌아왔다.

집에서 갑자기 뛰쳐나간 슈만은 비를 맞으며 라인 강변까지 걸어갔다. 그는 강을 건너기 위해 다리로 갔는데, 그 입구에는 통행세를 받는 징수원이 몇 명 있었다.

"다리를 건너려면 요금이 필요합니다."

징수원이 걸어오는 슈만을 향해 말했다. 그러자 슈만은 목에 두르고 있던 비에 젖은 비단 손수건을 풀어 주었다.

"이봐요! 지금 뭐하자는 거요? 이런 손수건 따위가 아니라 돈을……."

손수건을 받아 든 징수원의 말이 끝나기도 전에 슈만이 냅다 중앙을 향해 달려 나갔다.

"뭐, 뭐야, 저거! 거기서! 서란 말이야!!"

당황한 징수원들이 슈만을 쫓기 시작했다.

그 순간, 슈만이 방향을 바꾸더니 누가 말릴 틈도 없이 그대로 강물에 몸을 던졌다.

"으악! 사람이 빠졌다! 사람이 빠졌다구!"

징수원들은 슈만이 뛰어든 강물을 내려다보며 소리쳤다.

이때, 다리 아래로 증기선이 지나가고 있었는데, 그 안에 있던 승객들이 강물로 뛰어드는 그의 모습을 목격하게 되었다. 참으로 다행스럽게도 증기선과 그가 떨어진 위치가 가까운 거리였기 때문에 사람들 몇 명이 달려들어 그를 건져 올려 목숨을 구했다. 나중에 그 사람이 슈만임을 알아본 몇몇 승객들이 그를 업어서 집으로 데리고 왔던 것이다.

슈만이 깨어난 것은 며칠 후였다. 비록 목숨을 건졌지만 이번 일은 클라라에게도 슈만에게도 큰 충격이었다.

슈만은 이 일을 계기로 정신병원에 들어갈 결심을 굳히게 되었다. 언제 다시 발작이 일어날지도 모르는 데다가 가족들에게 해를 입힐 가능성도 있다는 것을 알았던 것이다. 그 점은 클라라도 알고 있었기 때문에 슈만이 정신병원을 가는 것을 막을 수 없었다.

마차가 집 앞에 와서 멈춰 섰다. 슈만을 정신병원으로 데리고 갈 마차였다.

도저히 슈만을 보낼 수 없었던 클라라는 서재에서 슈만과 작별을 고했다.

"미안하오. 클라라, 울지 말아요. 내 곧 건강해져서 다시 돌아오리다."

슈만이 클라라의 눈물을 닦으며 다정하게 말했다.

"약속해 줘요. 꼭 다시 돌아온다고."

"그럴 거요. 꼭 다시 클라라 당신 곁으로 돌아올 거요. 약속하리다."

슈만이 클라라를 끌어안고 입을 맞추었다. 눈물의 키스였다.

슈만이 떠나자 클라라는 아무런 의욕도 없는 듯 한동안 멍하니 앉아 있었다.

그 후, 그녀는 지독한 몸살에 시달리기 시작했다. 고열을 동반한 몸살이었는데, 얼굴이 새빨갛게 달아올라 내쉬는 숨결이 끓는 수증기 같았다.

브람스는 그런 클라라가 무척 걱정스러웠다. 그는 날이 하얗게 새도록 그녀의 이마에 찬 수건을 갈아서 계속 얹어 주었다. 그렇게 클라라의 곁에서 극진한 간호를 했다.

브람스의 정성 덕분이었는지 곧 클라라는 열이 내렸고, 3일째 되는 날

에는 말짱해진 모습으로 눈을 떴다. 클라라의 눈에는 자신이 앓았던 사흘 동안 밤새 수건을 갈아 주느라 피곤해 잠이 든 브람스의 모습이 보였다. 잠이 든 브람스의 모습만으로도 그가 무슨 일을 한 것인지 단번에 알 수 있었다. 자신을 사랑해 주는 누군가가 곁에 있다는 것은 삶에 많은 위안을 주곤 한다. 클라라는 브람스를 보며 그런 위안을 느꼈다. 비록 사랑해서는 안 되는 사람이긴 했지만 말이다.

열병에서 회복한 클라라는 예전의 활기찬 모습으로 돌아와 있었다.
그녀에게는 돌봐야 하는 많은 자녀들과 병원에 있는 슈만이 있었기에 앉아서 쉴 수 있는 여유가 없었던 것이다.
그녀는 돈이 필요했다. 특히, 슈만의 치료비로 많은 돈이 필요했다.
클라라는 슈만의 물품들이 고스란히 남아 있는 슈만의 서재에서 연주 계획을 짰다. 슈만의 물품들을 볼 때마다 그와 행복했던 지난날의 기억들이 떠올랐다.
더없이 행복했던 시간들. 하지만 이제는 결코 다시 올 수 없는 시간들.
주르륵, 눈물이 흘러내렸다.
똑똑똑.
그때, 그녀의 방문 앞에서 노크 소리가 들려왔다. 클라라가 재빨리 눈물을 훔쳤다.
"열려 있어요. 들어오세요."
그러자 누군가 문을 열고 서재 안으로 들어왔다.
"곧 끝나니까 잠깐만 기다려 줘."

그녀는 브람스가 들어왔을 거라고 짐작했는지 자신의 연주 계획서에서 눈을 떼지 않고 말했다.

"오랜만이구나."

순간, 클라라는 가슴이 철렁했다.

결코 잊을 수 없는 목소리! 아버지 비크였다.

그녀는 자신의 눈을 의심하지 않을 수 없었다. 비크라니! 아버지가 자신의 집 서재에 와 있다니!

두 사람은 결혼 소송 재판이 끝난 이후로 지금까지 단 한 번도 연락을 한 적이 없었다. 그런데 이제 와서 비크가 클라라의 앞에 나타났던 것이다. 그것도 슈만이 정신병원에 입원한 지 얼마 지나지 않아서 말이다.

클라라는 도무지 비크의 의도를 짐작할 수 없었다. 그저 말없이 그를 바라보았다. 날카롭고 정정하던 모습은 오간 데가 없고 무척 늙어 있었다. 하긴 나이가 있으니 그럴 만도 할 터였다. 하지만 그 차가운 눈동자만은 여전히 빛나고 있었다.

비크 역시 예의 그 차가운 눈동자로 물끄러미 클라라를 바라보다가 그녀 앞에 있는 책상 쪽으로 천천히 다가왔다.

다가서는 비크와 동시에, 클라라의 머릿속에서는 그와 있었던 온갖 불행했던 기억들이 떠올랐다. 결혼과 함께 묻어 버렸던 기억들이 무덤 속에서 기어 나오는 유령처럼 피어올라 무척 기분이 불쾌해졌다.

바로 그때, 책상 앞에 선 비크가 품속에서 무언가를 꺼내어 내려놓았다. 말아서 정성껏 끈으로 묶은 서류였다.

"예금증서다. 클라라, 네 것이야."

비크는 단지 그렇게만 말하고는 몸을 돌렸다.

그것은 클라라가 어렸을 적 연주회를 하며 벌었던 예금으로, 그토록 비크가 내주기를 거부했던 바로 그 돈이었다.

"기다려요! 어째서 이걸!"

클라라는 문 쪽으로 걸어가는 비크의 등을 향해 소리쳤다.

"필요할 거 같아 가져왔다."

"혹시 로베르트가 정신병원에 있다는 걸 알고 있으세요?"

"알고 있다."

"그래서 가져온 건가요? 아버지의 주장이 맞았다는 것을 확인시켜 주기 위해! 그래서 온 거냐구요!"

"슈만과 행복하지 않았던 게냐?"

"뭐라구요?"

"난 그렇게 알고 있었는데. 세상 그 어떤 부부보다도 행복했다고, 그렇게 알고 있는데……. 아니더냐?"

클라라는 아무 대답도 할 수 없었다. 비크의 질문은 클라라가 슈만과 결코 행복하지 못할 거라고 했던 과거 자신의 주장이 틀렸다는 고해성사였기 때문이었다. 십수 년이 지난 오늘, 비크가 자신의 잘못에 대해 용서를 빌고 있었다.

"미안하구나. 클라라. 슈만은 돌아올 게다. 꼭 네 곁으로 돌아올 게다."

비크가 서재 밖으로 걸어갔다.

"기다려요! 기다려요, 아버지!"

클라라가 서재에서 뛰쳐나가 비크의 걸음을 멈춰 세웠다.

"보고 가세요. 당신의 손자와 손녀들…… 보고 가세요."

클라라는 자신의 아이들을 모두 불러 모아 그들의 이름을 하나씩 부르며 비크에게 소개했다. 하나같이 모두 처음 보는 자신의 손자와 손녀들. 비크는 그 아이들의 얼굴을 아무 말도 없이 묵묵히 바라보았다.

하지만 이제 한 살을 갓 넘긴 막내가 클라라의 품에 안겨 들어왔을 때, 차갑게 굳어 있던 비크의 얼굴 위로 길게 눈물이 흘러내렸다.

비크의 눈물을 바라보는 클라라의 가슴에도 묻어 버렸던 혈육의 정이 뜨겁게 끓어올랐다.

결국 따지고 보면 비크의 고집은 딸 클라라의 행복을 위한 것이 아니었던가? 물론 그의 고집은 클라라에게 고통과 깊은 상처를 주었지만 아버지가 딸에게 바라는 그 마음만은 부정할 수 없는 사실이었다.

사실 그동안은 비크의 예상과 달리 클라라가 행복한 결혼 생활을 했기에 멀리서 바라보는 것만으로도 충분했지만, 이제 클라라의 불행을 알게 된 비크는 더 이상 견딜 수가 없었다. 그에게도 뜨거운 부모의 마음이 숨겨져 있었던 것이다.

클라라를 만난 후, 비크는 슈만이 입원해 있는 정신병원을 찾아가 진심으로 슈만의 쾌유를 빌어 주었다. 길고 길었던 비크와 슈만의 악연이 끝나고 인생의 끝에서 비로소 다시 스승과 제자로 돌아왔던 것이다.

많은 사람들의 바람에도 불구하고 슈만의 병세는 날로 심해져 갔다.

슈만의 모습을 직접 보고 받을 충격을 걱정한 의료진이 클라라의 면회를 허용하지 않을 정도였다. 그나마 브람스는 면회가 허용되어 슈만을 자주 만났고, 그는 클라라에게 슈만의 상태를 편지로 알려 주었다.

클라라는 혼자서 연주 여행을 자주 떠나야 했다. 당장 해결해야 할 경제적 문제를 위해서는 그럴 수밖에 없었다. 비크의 도움이 있었지만 클라라는 자신의 능력으로 해결하고 싶었기 때문에, 언제 슈만이 죽을지 모른다는 불안과 고통을 안고 연주 여행을 계속해야 했다. 고통 속에서 피아노를 치는 것은 강한 의지를 가진 클라라에게도 참으로 힘든 일이었다.

클라라가 없는 동안 집안의 아이들을 돌보고, 슈만을 병문안하는 사람은 브람스였다. 그는 커 가는 아이들의 모습과 슈만에 관한 상황을 일일이 편지에 써서 클라라에게 보내 주었다. 그건 클라라에게 커다란 위안이었고 지친 마음을 쉬게 하는 휴식처였다.

슈만의 입원 생활이 길어질 무렵, 슈만의 상태가 좋아졌을 때 클라라는 그를 만날 수 있었다. 하지만 그건 클라라에게 지옥 같은 고통을 더해 주었다. 이제는 총기를 잃어버린 흐릿한 눈동자, 오랜 병마로 퀭한 얼굴과 드문드문 빠져 버린 머리칼. 그게 슈만의 모습이었다.

"오오, 신이여……. 도와주소서……."

클라라는 간절히 기도하며 슈만의 힘없는 두 손을 잡곤 하였다.

슈만이 입원한 지도 2년이 흐른 어느 날, 클라라에게 슈만의 위독함을 알리는 전보가 도착했다. 그녀는 즉시 브람스와 함께 본에 있는 슈만의 병원으로 달려갔다.

슈만을 먼저 보고 나온 브람스가 클라라에게 충격이 심할 것이라며 만나지 않는 게 좋겠다고 말했다. 하지만 클라라는 그럴 수가 없었다. 얼마나

기다려 온 재회던가? 얼마나 간절히 옛날로 돌아갈 수 있기를 원했던가?

클라라는 브람스의 뒤를 따라 어둡고 칙칙한 복도를 걸어갔다. 묘한 냄새가 코끝을 찔러 왔다. 정체를 알 수 없는 병원 특유의 냄새였다. 어쩌면 죽음의 냄새인지도 몰랐다.

클라라는 철문으로 된 슈만의 병실 앞에 멈춰 섰다.

'이 문을 열면 로베르트가 환한 미소를 지으며 건강한 모습으로 서 있기를, 언제나 그랬던 것처럼 따뜻하게 나를 안아 주기를, 오래도록 곁에서 사랑스런 노래를 불러 주기를……'

철문이 소리를 내며 열리는 동안 눈을 감고 있던 클라라는 간절히 빌고 또 빌었다.

하지만 방 안으로 들어선 클라라의 가슴이 한순간에 무너져 내렸다.

슈만이 칙칙한 침대 위에 누워서 가쁜 숨을 쉬며 클라라를 보고 있던 것이다. 흐릿한 눈동자로 그녀를 바라보는 여위고 여윈 사랑의 생명은 꺼져 가고 있었다.

클라라는 너무도 기가 막힌 모습에 어쩔 줄 모른 채 눈물만 흘리며 서 있었다. 이때, 슈만의 입술이 조그맣게 움직이는 게 보였다.

"나의 클라라……"

그렇게 부르는 게 분명했다.

"오, 내 사랑! 사랑해요, 로베르트. 사랑해요."

클라라가 침대 곁에서 무너지듯이 무릎을 꿇으며 슈만의 손을 잡았다. 따뜻한 기운이라고는 아무것도 남지 않은 그의 손을 꼭 움켜잡았다.

"날…… 안아 주겠소?"

너무 가늘어서 속삭이는 듯한 슈만의 목소리가 들렸다.

"그럴게요. 내 품으로 와요. 당신의 클라라가 여기 있으니 내 품으로 와요……."

클라라가 침대 위에 걸터앉아 자신의 무릎 위에 슈만의 머리를 올려놓았다. 불안하게 이어지는 슈만의 숨소리가 더욱 또렷해졌지만 슈만의 표정은 더없이 편안해졌다. 마치 안식을 찾은 듯한 그런 평화가 슈만의 얼굴에 가득 찼다.

클라라는 그를 내려다보며 나지막하게 슈만의 가곡을 불러 주었다.

"고마워요. 내 곁에 있어 줘서……. 행복했어요, 클라라……."

마지막 말을 남긴 채 슈만은 마치 깊은 잠에 빠지듯이 눈을 감았다.

클라라는 그렇게 영원히 깨지 않을 깊은 잠에 빠져든 슈만을 안고 오래도록 그의 노래를 불러 주었다. 마치 그의 모든 것을 가슴속 깊이 새겨 놓기라도 하려는 듯이 말이다.

슈만은 그렇게 클라라와 영원한 이별을 하였다.

슈만의 죽음은 곧 세상에 알려졌다. 전국 각지에서 그의 죽음에 애도를 표했고, 본 시에서는 위대한 음악가 슈만의 죽음에 경의를 표하기 위해 새로운 묘지를 확장해 그의 무덤으로 사용할 수 있게 해 주었다.

많은 사람들이 참석한 가운데 슈만의 장례식은 무사히 끝이 났다.

클라라의 나이 이제 서른여섯. 그녀에게는 남겨진 일곱 명의 자식이 있었다. 막내인 펠릭스는 슈만이 정신병원에 입원한 후에 태어났기 때문에 아버지의 얼굴을 거의 보지도 못하였다. 그렇기에 더욱 클라라는 슬픔에 빠져 있을 여유가 없었다.

　슈만이 남긴 유산이 5,000탈러 정도 되었지만 클라라는 그 유산에 손을 대지 않고 생계를 꾸려 나가기로 결심했다. 자식들을 위해 남겨 둬야 할 유산이라고 생각했던 것이다.

　클라라는 집안에 가득한 슈만의 유품들을 정리하고는 연주를 준비했다. 첫째 딸 마리에와 둘째 딸 엘리제가 클라라에게 많은 도움을 주었고, 브람스도 곁에서 클라라가 연주를 시작할 수 있도록 아낌없는 성원을 보내 주었다.

　이듬해 정월 초하루. 클라라는 마침내 추억이 가득한 땅 라이프치히에서 슈만이 떠나고 난 후 첫 번째로 열리는 연주회의 무대에 올랐다. 청중들은 슬픔을 딛고 새로운 여정을 시작하는 최고의 피아니스트에게 아낌없는 박수를 보내 주었다.

　이것이 클라라의 40년에 걸친 연주 생활의 시작이었다. 매년 12월부터 다음 해 9월경까지 클라라는 영국을 포함한 유럽 각지를 순회하며 쉬지 않고 연주를 하였다.

　위대한 피아니스트들이 잇따라 등장한 19세기 후반에 있어서 그녀가 유럽에서 차지하는 음악적 지위는 슈만의 미망인이라는 동정으로 이루어진 게 아니었다.

　그녀는 이미 낭만주의 음악의 화신이었다. 피아노 앞에 앉아 있는 그녀는 우아한 모습과 아름다운 피아노 연주, 곡을 해석하는 탁월한 능력 등 자신만의 확고한 영역을 가지고 있었다. 또한 그녀는 슈만의 음악이

그 어떤 곡보다도 뛰어나다는 자부심과 함께, 이를 널리 알려야 한다는 의무감을 가지고 있었다.

하지만 낭만파 음악의 대표주자인 멘델스존과 슈만은 같은 시대의 음악가인 리스트와 바그너의 공격을 받기에 이른다. 즉, 베토벤 이후에 낭만파로 불리는 음악가들 중에서 정통을 중시하는 멘델스존과 슈만, 그리고 혁신을 주장하는 리스트와 바그너가 서로 대립했던 것이다.

슈만이 공격을 받자 클라라는 브람스를 앞세워서 반격을 시작했다. 이러한 대립은 낭만주의 음악가들의 제자에게까지 영향을 주었다. 이후, 그 제자들도 서로 갈라져 거의 백 년에 이르는 논쟁이 이어졌다.

그즈음 클라라의 마음에 위안이 된 사람은 확실히 브람스였다. 브람스는 슈만이 그랬던 것처럼 노래를 만들면 가장 먼저 클라라에게 악보를 보내 의견을 물었다. 클라라가 연주회를 위해 다른 도시에서 지내고 있을 때도 마찬가지였다.

나의 작품에 관해 긴 편지를 써 주십시오. 음조가 깨끗하지 못한 곳, 지루한 곳, 절름발이식의 예술성, 감정의 무미함 등에 대해 제발 많이 써 주십시오.

브람스가 보낸 악보에는 그런 간절한 부탁이 적혀 있었고, 그와 함께 브람스의 심정을 담은 편지도 들어 있었다.

이 무렵의 브람스는 매년 가을에서 겨울까지는 궁중 지휘관으로 일하고, 봄과 여름에는 함부르크에서 보내며 작곡에 정진하였다. 그런 생활 속에서도 그는 마음 깊이 클라라를 사랑하였다. 클라라에게 보내는 편지마다 그런 브람스의 마음이 고스란히 적혀 있었다.

하지만 클라라는 늘 브람스와 일정한 마음의 거리를 유지하였다.

그 후, 클라라는 바쁜 연주 생활이 계속되어 브람스와 함께 할 수 있는 시간이 거의 없어졌다. 그에 따라 클라라를 향한 브람스의 감정도 점차 침착한 우정으로 변해 갔다. 클라라에게는 슈만의 미망인으로 남아 피아노를 연주해야 하는 운명이 있었고, 브람스에게도 작곡가의 숙명이 따로 있었던 것이다.

사실 두 사람 사이에서 어떤 사실들이 있었는지 정확히 알지는 못한다. 클라라가 브람스의 사랑을 거부했는지 혹은 브람스가 편지로만 자신의 사랑을 클라라에게 이야기한 건지, 또는 우정으로만 남자고 서로 합의를 한 것인지……. 판단할 수 있는 결정적인 증거는 남아 있지 않다.

다만, 그간 서로 주고받은 편지를 통해 짐작할 수 있는 것은 브람스가 클라라에 대한 절절한 사랑의 감정을 가슴에 묻고 일생을 독신으로 살며 클라라의 곁에서 우정을 나누었다는 것이다. 평생토록 말이다.

연주에서 연주로 이어지는 생활 속에서도 클라라는 아이들과 함께 쉴 수 있는 조그마한 별장을 바덴바덴에 마련하였다. 주변이 온통 나무숲으로 둘러싸인 작은 집이었다. '강아지 집'이라 이름을 붙인 그 집은 그들에게 천국과도 같은 곳이었다.

아침이면 식구들이 모여 함께 음식을 만들고 소풍을 나갔다. 싱그러운 자연이 펼쳐진 집 주변은 그대로 놀이터가 되었다. 소풍이 끝나면 아이들은 피아노 주위로 몰려들어 클라라의 피아노 소리에 맞춰 노래를 불렀고 때로는 아이들이 턱을 괴고 앉아 클라라의 연주를 듣곤 하였다.

이 즐겁고 행복한 집으로 사람들이 찾아들었다. 요아힘과 브람스는 단골손님이었고, 주변에 휴양을 온 음악가들도 꼭 클라라의 집에 들렀다. 그럴 때면 클라라는 손수 구운 과자와 우유로 그들을 대접하였다.

클라라와 그녀의 가족들에게 있어 무척이나 행복했던 강아지 집에서의 생활은 여름이 지나감과 동시에 끝이 났다.

클라라는 두 딸과 함께 연주 여행길에 올랐고, 나머지 아이들은 기숙사나 친척 집으로 뿔뿔이 흩어졌다. 가슴 아픈 시간이었지만 클라라는 연주를 그만둘 수 없었다.

사실, 연주를 그만둘 형편도 아니었거니와 클라라에 대한 청중들의 환호도 날로 증가하였다. 연주 여행은 힘들었지만, 그나마 이제는 성인이 된 두 딸이 클라라와 함께 하며 많은 도움이 되어 주었다.

그녀의 연주 여행 중 인상적인 곳은 영국과 파리였다.

이미 오래전에 그녀는 연주를 위해 영국을 방문한 적이 있었는데, 이상하다고 느껴질 만큼 특이한 곳이었다. 그곳 사람들은 자기들만의 문화를 가지고 유행과 동떨어진 채 다른 문물과는 장막을 치고 있었다. 그 안으로 좀처럼 들어갈 수 없는 어떤 벽 같은 것이 느껴졌다.

하지만 클라라의 연주회가 자주 이루어지면서 차츰 그들도 클라라의 연주와 슈만의 음악에 귀를 기울였다. 클라라 역시 그들 안으로 들어가서 함께 음악을 이해하고 받아들일 수 있게 되었다. 마치 동지가 된 것 같은 느낌이었다.

실제로 영국은 그 이후로 클라라에게 엄청난 호의와 환호를 보내 주었다. 그건 클라라가 연주 여행을 모두 끝낼 때까지 변함없이 계속 이어졌다.

파리는 클라라에게 참으로 쓰라린 기억이 있는 도시였다. 어렸을 적 아버지 비크와 함께 온갖 고생을 하며 파리에 도착했지만 제대로 된 연주회를 한 번도 할 수 없었다. 비크에게서 독립을 한 후, 다시 파리를 찾았을 때도 마찬가지였다. 말하자면 파리는 클라라와 맞지 않는 도시였던 셈이다.

하지만 클라라는 이번 파리에서의 공연을 기어이 열렬한 환호로 만들어 놓았다. 커튼콜이 끝없이 이어지고 그때마다 클라라는 앙코르 곡을 선사하였다.

파리는 늘 클라라의 마음속에 남아 있던 곳이기에 이번 공연은 그녀에게 무척이나 감동스러운 경험이었다. 그 이후로 파리는 클라라의 주요 공연 도시 중 하나가 되었다.

그러나 계속된 순회공연은 클라라에게 직업병이라고도 할 수 있는 류머티즘을 안겨 주었다. 통증으로 며칠씩 밤잠을 설치는 무척이나 괴로운 병이었다.

하지만 그 정도 고통으로 클라라의 연주를 멈추게 할 수는 없었다. 그녀에게는 혼자서 감당해야 할 일곱 개의 무거운 짐이 어깨에 지워져 있었기 때문에 절대로 멈출 수가 없었다.

큰딸과 둘째 딸은 이제 성인이 되어 오히려 어머니 클라라를 많이 도와주고 있었지만, 장남인 루드비크는 클라라에게 무척이나 걱정스러운 아이였다.

　루드비크는 선천적으로 지능 발달이 더딘 아이였다. 클라라는 그런 루드비크에게 직업을 갖게 하려고 많은 노력을 기울였지만 결과는 늘 실망스러운 것이었다. 루드비크는 어떤 일에도 전혀 적응하지 못했다.

　더욱이 태어날 때부터 몸이 약했던 셋째 딸 유리에는 클라라의 노력에도 불구하고 처녀로 성장해서도 병을 자주 앓았다.

　클라라의 걱정과 근심은 날로 깊어졌다.

　유리에는 클라라의 자녀들 중 가장 클라라와 흡사한 용모를 지닌 아이였다. 클라라의 젊었을 적과 거의 판박이라 할 만큼 비슷했다.

　유리에와 브람스 사이에는 어떤 일화가 있다. 그것은 이탈리아의 귀족 말모리트 백작이 유리에에게 청혼을 하면서부터 시작되었다.

　클라라는 서재에 앉아 있는 브람스에게 다가가 이 소식을 알렸다.

　"알고 있니, 요하네스? 나의 사랑스러운 유리에가 청혼을 받았다는 걸."

　그러자 클라라의 앞에서 차를 마시고 있던 브람스의 얼굴이 한순간 창백해졌다.

　"난 그들의 결혼을 허락할 거야. 아마 무척이나 어울리는 아름다운 커플이 되겠지."

　갑자기 벌떡, 브람스가 자리에서 일어섰다. 무척이나 실망한 기색이 역력했다.

　"어, 어째서 그런 중요한 문제를 나에게 한마디 말도 하지 않은 거죠?"

　브람스는 클라라에게 당황한 표정으로 말했다. 클라라는 그를 의아하게 바라보았다.

"지금 말하고 있잖니."

"그건……."

브람스가 움찔하며 입을 닫았다. 그때 유리에가 서재로 들어왔다.

"안녕하세요. 여기 계셨네요, 요하네스."

하지만 브람스는 인사를 하는 유리에에게 눈길 한 번 안 주고 서재를 나가 버렸다.

클라라의 자녀들 중에서 유리에에게 특히 다정했던 브람스였기에 지금의 냉랭한 태도는 도저히 예상할 수 없는 일이었다.

스물넷의 아름다운 유리에를 바라보던 서른다섯의 요하네스. 그는 클라라를 쏙 빼닮은 유리에에게 마음속으로 애정을 품고 있었던 것인지도 모른다. 충분히 가능성이 있는 일이라고 클라라는 생각했다.

몇 달 후, 말모리트 백작과 유리에는 교회에서 조촐하게 결혼식을 치렀다. 청순하고 기품 있는 유리에의 모습은 천사처럼 아름다웠다.

브람스는 언제 그랬냐는 듯이 결혼식에 참석하여 유리에를 위해 피아노를 연주해 주었다.

결혼식과 축하연이 모두 끝나자, 유리에는 클라라를 비롯한 가족들을 떠나 이제는 신랑이 된 말모리트 백작을 따라갔다.

텅 빈 집안에 혼자 남은 클라라는 유리에가 없는 허전함을 달래고 있었다. 결혼과 함께 자식을 떠나보내야 하는 심정은 부모가 아니고서는 도저히 설명할 수 없는 묘한 느낌이었다.

이를 지켜보던 브람스가 클라라에게로 다가와서 차를 내밀었다.

"허브티예요. 마음을 조금은 따뜻하게 해 줄 겁니다."

"고마워, 요하네스. 결혼식에서 피아노를 쳐 준 것도 고맙고."

"당연히 해야 할 일을 한 건데 고맙긴요."

말없이 브람스를 바라보던 클라라는 망설이다가 한마디를 꺼냈다.

"유리에를 좋아했니?"

"무슨 소리예요?"

클라라의 질문에 브람스가 깜짝 놀라 되물었다.

"유난히 유리에를 아꼈었잖아."

"그날 제가 화를 낸 것 때문에 그런 생각을 하신 거군요. 화가 났던 건 그런 중요한 결정을 제게 한마디도 의논하지 않았다는 것 때문이었어요. 우리는 서로 가족이라 생각하고 있었으니까요.

제가 좋아하는 사람은 언제나처럼 단 한 명뿐이에요."

"……."

클라라는 아무런 말도 없이 듣고만 있었다.

"오랜 시간이 지나면 그 사람은 내 사랑에 대답을 할까요?"

"모든 건 신만이 알겠지. 운명도 사랑도 이별도 모두 신이 정한 거니까."

클라라가 찻잔을 내려놓으며 말했다.

신이 정한 운명! 슈만의 죽음 이후에도 주저앉지 않고 그토록 꿋꿋이 신이 정한 운명과 싸워 이겨 내는 클라라. 여자는 약할지 모르지만 어머니는 강하다고 했던가!

하지만 클라라의 앞에는 더 큰 시련이 기다리고 있었다.

저무는 황혼 녘에 서서

　부모에게 가장 힘들고 고통스러운 일은 자식의 죽음을 지켜보는 일이다. 불행하게도 클라라는 그런 고통을 몇 번이나 겪어야 했다.
　결혼을 함과 동시에 유리에는 남편의 나라인 이탈리아에서 살았다. 그런데 어느 날, 유리에의 죽음을 알리는 소식이 클라라에게 전해졌다. 먼 곳에 살고 있어 친정 식구들과 자주 만나지 못해 늘 가족을 그리워하던 아이였다.
　유리에는 죽기 5주 전, 무슨 예감이 있었는지 바덴의 집으로 찾아와 클라라와 남매들을 만났다. 유리에는 무척 야위어 몰라볼 정도여서 클라라의 가슴을 아프게 했다.
　원래부터 몸이 허약했던 유리에는 결혼을 한 후 한 살 터울로 아이를 낳았고, 그 바람에 건강이 크게 악화되었던 것이다. 바덴에 있는 동안 유리에는 조금 기력을 회복한 듯 행복한 미소를 지어 보였고, 상심하는 클라라의 마음을 위로하였다.

"걱정하지 마, 엄마. 난 절대로 엄마보다 먼저 죽지 않을 테니까."

농담처럼 클라라에게 건넨 이 말은 공허한 메아리가 되어 유리에와 함께 사라져 버렸다.

클라라는 의연한 모습을 보이려 애썼지만 그녀의 심장은 갈가리 찢어지는 것 같았다.

유리에가 죽은 지 일 년 후인 1873년, 본에서는 성대한 '슈만 기념 음악제'가 개최되었다.

유리에를 잃고 가슴이 뻥 뚫려 버린 클라라를 위로해 준 것은 이렇게 슈만의 음악을 이해하고 존경하는 세상 사람들이 갈수록 많아지는 일이었다.

클라라와 가족들은 슈만의 묘지를 찾아 음악제의 기쁨을 전하였다. 그리고 음악제에는 요아힘, *슈토크하우젠, 브람스 등 많은 음악가들이 참가하여 슈만의 곡을 연주하였다.

마침내 음악제의 삼 일째 되는 날, 클라라가 무대 위에 올랐다. 어느새 50대의 중년이 되어 버린 클라라였지만, 이날만은 슈만을 처음 만나던 10대의 가슴 떨림이 다시금 느껴졌다.

얼굴을 보는 것만으로도 가슴이 떨리던 기억.

심장이 멎어 버렸던 첫 키스.

슈토크하우젠 : 카를하인츠 슈토크하우젠은 1928년에 태어난 독일의 작곡가이다. 전자음악과 관련된 작품을 많이 남겨 현대음악에도 많은 영향을 미쳤다.

더없이 아름답고 황홀했던 아름다운 노래들.
섬세하고 따뜻한 그의 손길.

모든 것이 뚜렷하게 클라라의 뇌리를 스쳐 지나갔다.
클라라는 피아노 앞에 앉아 슈만의 곡을 연주하기 시작했다. 결코 잊을 수 없는 기억들을 밖으로 꺼내 음악제를 가득 메운 청중들 앞에 펼쳐 놓았다.
연주가 끝났을 때 연주회장은 마치 시간이 멈춰 버린 것처럼 고요했다. 모두들 클라라가 연주한 감동의 무게에 눌려 버린 것 같았다. 조용히 자리에서 일어선 클라라가 청중들을 향해 인사를 했다.
바로 그 순간, 폭풍 같은 박수와 나팔 소리가 쏟아졌고 무대 위에 서 있는 클라라를 향해서 수많은 꽃다발들이 날아들었다. 다시없을 감동적인 무대였다.

하지만 기쁨도 잠시였다. 한 걸음 물러서 있던 죽음의 그림자가 다시 클라라에게 다가왔다. 슈만 음악제가 끝난 뒤 몇 달 후에 아버지 비크가 숨을 거두었던 것이다.
파란만장한 시간을 보냈던 아버지와 딸이었다. 끝내 화해를 하고 서로의 끈을 결코 놓지 않았던 클라라와 비크도 세월의 흐름 앞에서는 어쩔 수가 없는 일이었다.
엎친 데 덮친 격으로, 큰아들 루드비크는 슈만이 그랬던 것처럼 정신 질환이 발병하여 정신병원에 입원을 하였다. 둘째 아들인 페르디난트는

　프로이센과 프랑스 전쟁에 참가했다가 생긴 류머티즘이 악화되어 지팡이를 사용해야 했다. 이 과정에서 그는 고통을 완화하기 위해 모르핀을 복용했는데 나중에는 모르핀 중독에 걸려 버렸다.

　클라라는 루드비크와 페르디난트를 돌보는 것만으로도 충분히 고통스러웠지만, 결핵에 걸려 요양소에서 고생하고 있는 막내 펠릭스를 볼 때면 정말이지 견딜 수 없는 슬픔이 밀려왔다. 이미 결핵이 온몸으로 퍼진 펠릭스의 생명은 흔들리는 촛불처럼 가물거렸다.

　클라라가 할 수 있는 일은 오직 신을 찾아 기도하는 일뿐이었다.

　"신이시여……. 저들의 생명을 구원하소서. 정 필요하시거든 대신 이 생명을 바치겠나이다. 저들을 구원해 주소서……."

　하지만 간절한 클라라의 기도에도 불구하고 루드비크는 숨을 거두었다.

　아아, 밤이 두렵다. 눈을 감고 잠을 청할 수가 없다. 꿈속에서 내 아이들을 만나야 하는 것이 두렵다.

　클라라가 루드비크를 잃고 난 후 일기에 그렇게 썼다.

　그토록 기를 쓰며 필사적으로 길러 냈던 아이들이건만, 클라라는 벌써 유리에와 루드비크, 두 아이들을 가슴에 묻었던 것이다. 그리고 그게 끝이 아니었다.

　긴 투병 생활을 하던 펠릭스가 큰누이 마리에의 팔에 안겨 숨을 거두었던 것이다. 그의 나이는 불과 스물네 살이었다.

　그동안 아이들의 죽음에도 의연한 모습을 보여 왔던 클라라. 하지만 이번만은 도저히 버틸 수가 없었는지 브람스의 품속에서 대성통곡을 하며 흐느꼈다.

"내가 살아 있는 건 나의 아이들을 매장하기 위해서인 것 같아……."

부모가 자신의 손으로 자식을 묻는다는 건 너무나도 무서운 고통이다. 하지만 클라라는 벌써 이것이 세 번째였다. 그에 따라 굳건했던 그녀의 정신도 조금씩 무너져 내리고 있었다.

다행히 자식들의 죽음은 거기서 멈추었다. 하지만 그녀의 마음속에서는 또 다른 아픔이 숨어 있었다. 바로 큰딸 마리에였다.

마리에는 어느 정도 자랐을 때부터 많은 동생들을 위해, 그리고 어머니를 위해 희생해 왔다.

마리에는 그 누구보다도 클라라를 잘 이해했다. 여자의 몸으로 많은 자식들을 위해 헌신하는 어머니가 진심으로 고마웠고 때로는 애처로웠다. 그래서 조금이라도 그런 어머니의 고통을 덜어 주기 위해 그녀의 연주 여행을 따라다니며 도와주었다. 시간이 지나면서 마리에는 클라라의 매니저 역할을 하기 시작했다.

마리에는 클라라의 연주에 관한 모든 문제들을 혼자서 처리하여, 클라라가 오직 연주 그 자체만 신경 쓸 수 있도록 만들어 주었다. 그녀는 클라라에게 없어서는 안 될 소중한 존재였지만, 그만큼 그녀가 클라라를 대신해 희생을 하고 있다는 것을 의미했다. 클라라는 이 사실을 누구보다 더 잘 알고 있었다.

클라라는 자신이 고통스러워진다고 해도 마리에가 자신의 인생을 사는 모습을 보고 싶었다. 하지만 마리에가 새로운 일을 하기에는 이미 너무 오래 클라라의 일을 해 왔다.

 사실, 뛰어난 업적을 이룬 위인의 자녀들이 부모와 같은 길을 걷는 경우, 특별한 곤란을 겪을 때가 많다. 부모와 똑같은 천재적인 재능이 자신들에게 그대로 전해지는 게 아니기 때문이다. 마리에를 포함한 슈만 부부의 모든 자녀들은 그것을 뼈저리게 경험했다.

 천재적인 작곡 능력을 가졌던 아버지 슈만, 그리고 세계 제일의 여류 피아니스트인 어머니 클라라였다. 슈만 부부의 아이들은 누구보다도 찬란한 음악적 환경을 누렸고, 클라라의 정성스러운 교육도 받았지만 결코 부모들이 이룬 수준에는 도달할 수 없었다.

 그중 아버지 슈만을 가장 많이 빼닮았던 막내 펠릭스는 슈만의 재능을 물려받았다. 펠릭스의 문학적인 감수성과 음악에 대한 천재성은 슈만의 어린 시절을 보는 듯 보석처럼 빛이 났다. 하지만 그는 선천적으로 몸이 허약했다. 결핵에 걸려 오랜 투병 생활을 한 그는 결국 자신의 재능을 한 번 펴 보지도 못한 채 아버지 슈만의 곁으로 가 버렸다.

 그나마 다행인 것은 둘째 딸 엘리제가 피아노 교수가 된 게 고작이었다.

 이렇게 자식들을 생각할 때마다 클라라는 더욱 마리에가 안타까웠다. 마리에는 자신의 꿈과 상관없이 오랫동안 클라라의 곁에서 묵묵히 많은 일을 해 왔기 때문에 그녀를 볼 때마다 마음이 아팠던 것이다.

 그런 고통들은 클라라에게 많은 스트레스를 주었고, 이것은 신경통과 류머티즘으로 악화되었다. 신경통은 피아노 연주를 하는 데 있어서 치명적이었다.

클라라는 연주 여행을 줄이기 위해 음악학교에서 교직을 맡았다. 그녀의 명성을 찾아 전 유럽, 심지어는 미국에서까지 학생들이 이 음악학교에 모여들었다.

학생들을 가르치는 것은 피아노를 연주할 때와 또 다른 재미가 있었다. 자신이 가르친 학생들이 조금씩 예술인이 되어 가는 모습을 보며 그녀는 많은 보람을 느꼈다.

슈만이 죽은 후 25년의 세월이 지나는 동안, 그의 음악은 독일 국민의 영혼의 안식처가 되었다. 또한, 그의 작품은 존경스럽고 신성한 것으로 평가되어 많은 음악가들의 연구 대상이 되었다. 슈만이 그런 평가를 받게 된 데는 클라라의 노력이 절대적이었다.

쉴 새 없이 계속된 클라라의 연주 여행에서 그녀는 레퍼토리에 항상 슈만의 노래들을 넣었다. 그녀는 그 누구보다도 슈만의 노래들을 전파하는 데 절대의 노력을 기울였던 것이다.

한편, 그즈음 브람스도 권위 있는 작곡가로서 음악계에 우뚝 서 있었다.

1878년, 프랑크푸르트에서 클라라의 연주 생활 50주년을 기념하는 축하 연주회가 열렸다.

또랑또랑하고 커다란 눈동자를 한 9살의 클라라가 수줍어서 볼이 빨갛게 상기된 채로 게반트하우스의 무대에 오른 뒤, 50년의 시간이 흘러간 것이다.

마리에는 며칠 전부터 정신이 없었다. 그녀는 클라라에게 최고의 무대를 선사하고 싶었다. 어머니이기도 했지만 수십 년 동안 함께했던 최고

피아니스트의 50주년 무대가 아닌가! 그녀는 수많은 밤을 뜬눈으로 새우다시피 하며 무대장치에서부터 관현악단의 연출에 이르기까지 하나하나 세세히 검토하고 준비하였다.

연주회 날이 되자, 아침부터 많은 음악가들과 저명인사들이 보낸 꽃다발들이 클라라가 묵고 있는 호텔로 쏟아져 들어왔다. 그때, 연주회의 극장 관계자로부터 다급한 메시지가 왔다.

"뭐라구요? 연주회를 시작할 시간이 얼마 남지 않았는데 무슨 소리예요, 지금!"

마리에는 극장 관계자의 말을 듣고 가슴이 철렁했다. 이미 모두 자리를 잡고 있어야 할 관현악단의 바이올린 연주자들이 한 명도 나타나지 않았던 것이다.

알고 보니 연습 도중 바이올린 연주자들과 극장 관계자 사이에서 작은 충돌이 있었는데, 시간이 지나면서 서로의 오해가 커진 것이었다. 급기야 바이올린 연주자들 전원은 극장 관계자가 사과를 하지 않으면 연주회에 불참하겠다는 통보를 했다.

그들이 연주회에 나타나지 않는다면 클라라의 50주년 기념 연주회는 엉망이 될 것이 너무도 뻔한 일이었다. 그렇다고 이제 와서 다른 연주자들을 섭외할 수도 없는 일이었다.

"그들은 어디에 있죠?"

마리에는 바이올린 연주자들이 모여 있는 곳으로 달려갔다. 마리에는 그들을 보자 바닥에 무릎을 꿇었다.

"여러분, 이렇게 간절히 부탁드리겠습니다. 모든 건 저의 잘못입니다.

제가 대신 사과를 드리면 안 되겠습니까?

일곱 명의 아이들을 업고 피아노를 쳐 오신 분이 이제 50주년이 되셨습니다. 그동안 세 명의 아이들을 가슴에 묻으셨지요. 전 조금이라도 그분의 아픔을 위로해 드리고 싶습니다. 저를 조금만 도와주십시오. 부탁드립니다."

마리에의 눈물 어린 호소는 연주자들의 마음을 움직였다. 결국, 그들은 다시 연주회를 준비하기로 했다.

모든 소동이 끝나자, 마리에는 다시 호텔로 돌아와서 클라라를 데리고 연주회장으로 갔다.

연주회장은 발을 들일 곳이 없을 만큼 많은 사람들로 꽉 차 있었다. 클라라도 그 모습에 자못 흥분을 느꼈는지 얼굴이 발갛게 달아올랐다.

마침내 우레와 같은 박수를 받으며 클라라가 무대 위로 올라 피아노 앞에 앉았다. 조용히 눈을 감고 호흡을 가다듬던 클라라는 관현악의 연주에 맞춰서 슈만의 *「a단조 협주곡」을 연주하기 시작했다.

마리에는 클라라 손끝에서 흘러나오는 피아노 소리를 들으며 가슴이 미어져 왔다. 그녀의 고통이 선명하게 느껴졌던 것이다.

그랬다. 클라라는 고통과 절망을 연주했다. 그 속에서 가늘게 흔들리다 꺼져 버린 촛불 같은 자신의 아이들을 하나씩 불러내었다. 아무리 불러도 대답 없는 이름들을…….

작품 54번 「a단조 협주곡」: 1845년에 슈만이 작곡한 피아노 협주곡. 화려하지 않은 분위기의 3악장 형식을 갖추고 있다.

    그리고는 마침내 절망을 넘어 삶을 연주하면서, 50년 동안 끈질기게 이어져 온 자신의 인생이 헛되지 않았음을 들려주었다.

    마지막으로 이러한 자신의 삶이 결코 멈추지 않을 거라고 이야기하면서 그녀의 모든 연주는 끝이 났다.

    연주를 마친 클라라의 눈앞에 마치 영원히 끝나지 않을 것 같은 박수와 꽃다발들이 날아들었다. 그리고 클라라의 머리 위에 황금 월계관이 씌워졌다. 지금까지 그녀가 연주한 작곡가들의 이름이 정교하게 세공된 아름다운 관이었다.

    그러자 클라라는 월계관을 벗고는 무대 뒤로 걸어가서 마리에를 데리고 나왔다.

    "이 월계관은 제가 아닌 마리에에게 더 어울리는 것입니다. 마리에가 아니었다면 전 여기까지 올 수 없었을 테니까요."

    클라라는 한없이 눈물짓고 있는 마리에의 머리에 월계관을 씌워 주었다.

    "사랑한다, 마리에."

    "사랑해요, 엄마."

    두 사람은 오래도록 서로를 껴안은 채 눈물을 흘렸다. 이렇듯 절망의 끝에는 살아 있는 사람들의 사랑이 있었던 것이다.

    50주년 기념 연주회 이후, 클라라는 식구들과 함께 주로 바덴에서 보냈다.

    브람스도 많은 시간을 클라라의 집에서 보냈다. 그는 아침이면 클라라와 산책하는 일을 큰 즐거움으로 삼았다. 수십 년이 지났지만 클라라와 브람스의 사이는 늘 그렇듯이 우정과 사랑의 중간쯤에 머물러 있었다.

클라라는 틈이 날 때마다 브람스에게 피아노 연습을 게을리하지 말라는 잔소리를 했는데, 곁에서 지켜보는 클라라의 딸들은 이 모습을 무척 흥미로워했다.

"요하네스. 음악회에서 실수라도 한다면 그게 얼마나 관객들에게 상처가 되는 줄 알아? 관객은 완벽한 연주를 듣기 위해 돈을 내고 음악회에 오는 거라구."

클라라의 잔소리가 길어질 때까지 버티고 앉아 있던 브람스는 그때야 마지못한 얼굴로 자리에서 일어나 피아노가 있는 방으로 들어가곤 했다.

세계적인 작곡가를 마치 미숙한 학생처럼 대하며 잔소리를 하는 것이 너무 민망했던 딸 오이게니는 왜 그렇게 하는지 클라라에게 물어본 적이 있었다.

"왜일까? 음……. 그건 요하네스가 잔소리를 듣고 싶어 해서지."

"잔소리를 듣고 싶어 한다구요?"

"나이가 들면 싫은 일도 좋아질 때가 있단다."

오이게니는 그 의미를 완전히 이해하지는 못했지만, 아마 그런 식으로 서로의 관심을 확인하는 것이 아닐까 하는 생각을 했다.

하지만 이렇듯 결코 변할 것 같지 않았던 두 사람의 관계에도 위기가 있었다.

클라라는 슈만의 전집을 간행하기 위해 브람스에게 도움을 요청한 적이 있었다. 하지만 브람스가 늦장을 부려 좀처럼 일이 진행되지 않았다. 그녀는 슈만의 전집을 보지 못하고 눈을 감을까 봐 무척이나 불안해하다가, 전집 작업을 다른 사람에게 맡겨 버렸다.

이 일은 브람스에게 오해를 불러일으켰고, 두 사람은 40년 만에 처음으로 사이가 멀어졌다. 하지만 그 오해는 길지 않았다. 브람스가 클라라에게 편지를 써서 작업이 늦어진 이유를 상세히 설명했기 때문이었다. 그는 좀 더 완벽하게 슈만의 전집을 만들려고 고민하던 중이었다고 말했다.

클라라 역시 곧장 그에게 답장을 보내 전집에 대한 자신의 초조한 마음을 설명하였다.

그리하여 클라라가 답장을 보낸 지 한 달이 되기도 전에 브람스의 새로운 피아노곡이 클라라에게 전해졌다. 언제나 그래 왔듯이 말이다.

클라라와 브람스는 43년에 걸쳐 800여 통의 편지를 주고받았다. 연인이 될 수는 없었지만 그렇다고 떨어질 수도 없는, 그런 사이가 바로 클라라와 브람스였다.

예전보다는 피아노 연주회를 많이 가지지 못했지만 클라라가 연주를 그만둔 것은 아니었다. 그녀는 연주 여행 중 가장 마음에 들어 했던 영국에서만 간간이 연주회를 열었다.

클라라에 대한 영국인의 환영은 특별한 것이었다. 슈만의 *「노벨레테」가 런던에서 대유행하여, 피아노를 좀 친다고 하는 사람이면 누구나 쳐야만 할 정도였다.

또한 많은 사람들이 클라라가 묵고 있는 호텔 앞에서 꽃다발을 들고 그녀를 기다렸다. 연주회가 끝나고 난 후에도 그녀가 떠나는 것을 아쉬

「노벨레테」 : 이야기를 하듯이 자유 형식으로 진행되는 곡이다. 슈만이 이 명칭을 처음 사용하였다.

워하며 다시 또 볼 수 있기를 희망하였다.

1889년, 클라라에게도 일흔 살이라는 나이가 찾아왔다.

유럽 여기저기에서 슈만을 기리는 사업들이 진행되었고, 클라라에게도 팬들의 애정 어린 선물들과 편지들이 쌓여 갔다. 그 내용은 그녀가 여태껏 해 왔던 위대한 여정에 대한 무한한 찬사를 담은 것이었다. 때로는 빌헬름 황제가 편지를 보내기도 했다.

그리고 많은 연주자들은 그녀가 연주하는 아름다운 멜로디를 액체처럼 혹은 사람의 목소리처럼 흘러간다고 감탄하였다.

이것은 무척이나 기쁜 일이 분명했지만 한편으로 서글픈 일이기도 했다. 결코 다시 돌아갈 수 없는 과거에 대한 찬사이기 때문이었다.

그녀가 그토록 오랫동안 피아노 연주 무대에 설 수 있었던 것은 흐르는 세월 동안 피나는 노력을 게을리하지 않았고, 그 결과 그녀만의 우아하고 고귀한 내면을 완성했기 때문이었다. 또한, 그녀는 지치지 않는 정열로 음악을 사랑하고 기꺼이 음악과 한 몸이 되었다.

과연 그녀는 반세기 동안 음악계를 이끈 피아노의 여왕이었던 것이다.

그러나 칠십에 이른 그녀의 나이는 혼자 걷는 것조차 쉽지 않게 만들었다. 더구나 청각도 많이 떨어져서 목소리를 듣는 것 역시 쉽지 않았다.

이런 상황 속에서도 클라라는 연주회에서 슈만의 곡을 치기로 되어 있었다. 많은 사람들의 요청을 도저히 거절할 수 없었던 것이다.

연주회를 일주일 정도 남겨 둔 날이었다.

식사를 마치고 자리에서 일어서던 클라라가 돌연 바닥에 주저앉았다. 다리에 힘이 빠져 잠시도 서 있기가 힘들었던 것이다.

"아무래도 이번 연주는 하지 않는 게 좋을 것 같아요."

마리에가 클라라를 부축하며 말했다.

"연습실로 데려다 주렴. 마리에."

"안 돼요. 악보도 자꾸 잊으시잖아요."

"그래서 더욱 연습을 해야 한단다. 네 말대로 악보를 자꾸 잊긴 하지만 달리 방법이 없다면 잊어버리지 않도록 연습하는 수밖에 없지."

"이번 연주회는 안 된다니까요. 건강이 좀 나아지면 그때 다시 하기로 해요."

"마리에……. 어쩌면 말이다. 이번이 마지막일 듯하구나. 그래서 연습하지 않으면 안 된단다. 마지막을 엉망으로 장식할 순 없잖니."

"무슨 말씀이세요? 마지막이라니요? 그럴 리가 없어요. 건강이 좀 더 나아지시면 반드시 엄마의 마지막 공연을 성대하게 할 거예요. 그러니 마지막이란 말씀은 마세요."

"고맙구나. 마리에."

클라라는 자신이 말한 것처럼 악보를 잊지 않기 위해 연습을 많이 하였다.

사실 이번 연주회는 그리 성대한 것도 아니었고, 클라라가 주인공이 되는 것도 아니었다. 특별출연에 가까운 그녀였지만 한 곡을 연주하기 위해 육체적인 고통과 싸우며 많은 연습을 했던 것이다.

71살의 연주자가 피아노 앞에 앉았다. 단지 연주자의 나이가 많다는 것 외에는 특별할 게 없는 연주회였다.

하지만 클라라는 달랐다. 그녀는 지금 이 무대가 자신의 마지막 무대임을 직감했던 것이다.

반세기가 넘는 그녀의 연주 생활들이 선율과 함께 주마등처럼 흘러갔다. 어느 하나 버릴 게 없었던 파란만장한 시간들.

슈만의 모습도 선명하게 떠올랐다. 그와의 만남, 사랑, 이별까지. 그 치열했던 기억들이 저편으로 멀리 사라져 갔다.

시작이 있으면 끝이 있는 법. 끝나지 않을 것 같았던 클라라의 연주가 그렇게 마무리되었다.

클라라는 피아노 앞에서 두 손을 내리고 한참을 앉아 있었다. 흑백의 무수한 건반이 별처럼 빛을 내며 고요히 놓여 있었다.

마리에가 다가와 클라라를 부축했다.

"악보를 잊진 않은 것 같구나, 마리에."

"그래요, 엄마. 하나도 잊지 않았어요. 정말 훌륭한 연주였어요."

"다행이구나……. 정말 다행이구나……."

클라라가 예감한 것처럼 이것이 조촐하지만 공식적인 그녀의 마지막 무대였다.

"정말 다행이구나……."

마치 무사히 큰 임무를 끝낸 것 같은 그녀의 마지막 말이었다.

그 무대 이후, 클라라의 건강이 더 나빠진 것은 아니었지만 류머티즘으로 인해 손가락을 제대로 쓸 수 없게 되어 피아노를 연주하는 것은 불

가능했다. 하지만 바덴에 있는 그녀의 집에 항상 오랜 음악 친구들이 그녀를 찾아와서 늘 그랬던 것처럼 음악 이야기를 꽃피웠다.

그럴 때면 휠체어에 등을 기대고 앉아 있는 클라라의 얼굴에는 엷은 미소가 피어올랐다.

클라라는 그들의 이야기를 조용히 듣고 있는 듯했지만, 사실은 귀가 거의 들리지 않아 이야기를 알아들을 수 없었다. 대신 클라라는 과거의 시간 속에 있었다.

아주 어렸을 적 엄격했던 아버지 비크의 피아노 수업에서부터 최근에 있었던 마지막 무대까지, 클라라는 늘 과거의 시간 속에 머물며 간간이 미소를 짓곤 했다.

그사이 그녀의 주변에 있던 사람들이 하나둘씩 떨어지는 낙엽처럼 사라져 갔다. 처음으로 세계 정상급의 피아노 연주가 어떤 것인지 보여 주었던 리스트도, 슈만의 친구이자 다른 길을 걸었던 바그너도 세월 속으로 사라져 갔다.

인생의 끝자락에서 본 삶이란 얼마나 덧없는 것이던가? 무수한 감정들과 치열한 삶의 흔적일 뿐이었다.

이제는 낡고 녹슬어 버린 손가락들, 얼굴에 가득한 주름과 사라져 버린 아름다움, 오그라든 가슴처럼 말라 버린 감정들.

하지만 클라라의 삶은 사랑이 충만했던 날들이었고 후회 없는 날들이었다.

비록 노년의 클라라는 거의 모든 나날을 추억 속에서 보내고 있었지만, 그렇다고 해서 그녀의 삶이 끝난 것은 아니었다.

어느 날, 클라라의 방에서 바흐의 전주곡과 *푸가의 명쾌한 선율이 들려왔다. 처음에 피아노 소리가 들려왔을 때 딸 마리에와 오이게니는 클라라를 보러 온 브람스가 치는 것이라 생각했다.

하지만 지금의 소리는 분명 어머니의 피아노 연주라는 것을 금세 알 수 있었다. 아주 오랫동안 들어 왔던 클라라만의 선율이라는 것을 딸들이 모를 리가 없었다.

"어머니가 치시는 거야……. 어머니라구……."

마리에와 오이게니가 어머니 방으로 뛰어 들어갔다.

클라라의 방에 들어서자, 피아노 옆에 서 있던 브람스가 마리에와 오이게니에게 손으로 쉿 하는 제스처를 취했다. 브람스의 옆에는 클라라가 오래전 연주회에서 입었던 드레스를 입은 채 피아노를 치고 있었다.

마리에와 오이게니는 놀라지 않을 수 없었다. 비록 현재의 모습은 늙었지만 클라라가 가장 전성기 때 연주했던 그 선율이 들려왔기 때문이었다.

연주는 브람스의 「로망스」로 이어졌다.

어떻게 저런 연주가 가능한 건지 마리에와 오이게니는 두 눈으로 보고 있으면서도 믿을 수가 없었다. 50년이 넘는 시간을 피아노와 함께 해 왔던 클라라. 이제는 죽음의 문턱 앞에 다다른 낡은 육체로 늘 그랬듯이 피아노와 함께 있었다.

그녀의 삶 속에 녹아들어 있던 사랑과 이별, 영광과 좌절, 그리고 고통들이 피아노 선율과 함께 흘러나왔다.

푸가 : 하나의 주제로 된 선율이 여러 가지 형태로 변형되고 모방되는 음악 양식이다.

그리고 마지막으로 슈만의 선율이 흘러나왔다. 이미 죽은 지 수십 년이 지났지만 단 하루도 잊은 적이 없는 사람. 그녀의 피아노 연주는 슈만과의 사랑을 표현하는 유일한 방법이었는지도 모른다. 그래서 그녀는 오랜 세월 동안 슈만의 곡을 연주하며 피아노 앞을 떠나지 못한 게 아니었을까.

'이제는 안녕. 이게 내 마지막이야, 로베르트.'

클라라는 슈만의 곡을 연주하며 마치 그렇게 말을 하는 것 같았다.

조용히 그녀의 연주가 끝이 났다. 클라라의 연주가 끝나자 브람스가 조심스럽게 클라라를 껴안았다.

"고마워요. 세상에서 가장 아름다운 소리를 들려주어서……."

"고마워. 내 곁에 남아 줘서……."

그리고는 서로의 뺨에 키스를 하였는데 그 모습이 눈부시게 아름다워 두 딸의 얼굴에는 눈물이 흘러내렸다.

1896년 3월, 클라라는 갑작스럽게 뇌출혈을 일으켰다. 이 소식은 오스트리아에 있는 브람스에게도 전해졌다.

브람스는 이 소식을 듣자마자 마리에게 편지를 보냈다. 클라라가 살아 있을 때 보고 싶어서였다. 하지만 마리에는 어머니가 브람스를 보고 나서 어떤 반응을 일으킬지 모르기 때문에 그녀가 좀 더 회복된 후에 방문하라고 그에게 알렸다.

브람스는 무척이나 불안한 마음으로 하루하루를 보냈다. 그리고는 클

「네 개의 엄숙한 노래」 : 브람스가 클라라 슈만의 죽음을 예견하고 쓴 작품. 성서를 바탕으로 한 내용이다.

라라의 쾌유를 바라며 그녀를 위해 *「네 개의 엄숙한 노래」의 작곡에 몰두하였다.

그런 브람스의 마음이 클라라에게 전해졌는지 그녀의 상태가 조금 호전되는 듯했다. 브람스의 생일에 맞춰 그녀가 편지를 쓴 것이다.

진심으로부터 기쁨을, 진심으로부터 당신의 클라라 슈만. 지금은 이것 밖에 쓰지 못합니다.

그것은 클라라가 브람스를 처음 만난 그의 스무 살 생일 때부터 지금까지 매년 5월이면 빼놓지 않고 보내온 축하의 메시지였다.

하지만 그것도 잠시, 며칠 후 격렬한 뇌출혈이 클라라를 다시 찾아왔고 그녀는 혼수상태에 빠져들었다. 클라라는 의식을 잃어 가는 상황에서도 다급히 연락을 받고 달려온 오이게니를 알아보고는 얼굴에 미소를 띠었다. 그리고는 마리에의 눈물진 손을 잡았다.

그녀는 두 딸의 오열 속에서 그렇게 기나긴 잠 속으로 빠져들었다.

1896년 5월 20일. 77년의 길고도 험난했던, 그러나 그 누구보다도 충만하고 성실한 삶을 살았던 위대한 피아니스트가 숨을 거두었다.

5월 20일, 어머니는 오늘 영면하셨습니다.
- 마리에 슈만

브람스가 이 전보를 받은 날짜는 22일이었다.

브람스는 거의 넋이 나간 상태로 빈을 거쳐 프랑크푸르트에 도착하였다. 클라라의 고별식이 끝나고 본에서 매장이 진행되고 있는 중이었다.

40년 만에 로베르트 슈만의 묘소가 열렸다. 클라라는 그곳을 가득 메운 사람들과 이별을 고하며 오랫동안 헤어져 있었던 남편 슈만의 곁에 영원히 자리를 잡았다.

장례식이 끝나고 사람들이 모두 돌아갔지만 브람스는 도저히 자리를 뜰 수 없었다. 바람에 그의 백발 머리가 세차게 흩날렸다. 그는 철학도 신앙도 클라라를 영원히 떠나보낸 슬픔 앞에서는 너무도 무기력하다는 것을 느꼈다.

브람스에게 있어서 클라라와의 이별은 치유할 수 없는 영혼의 죽음이었다.

장례식이 끝난 후, 라인 강변에 있는 친척 집에서 클라라를 사랑했던 사람들의 모임이 열렸다. 그들은 클라라와 슈만의 음악들을 연주하고 이야기했다.

이때, 피아노 앞으로 백발이 성성한 브람스가 다가갔다. 그곳에 있는 사람들은 브람스와 클라라가 수십 년 동안 각별한 우정을 이어 온 것을 알기에 더욱 브람스에게 시선을 집중했다.

브람스는 피아노 앞에 앉아 품속에서 악보를 꺼냈다. 클라라의 쾌유를 빌며 만들었던 「네 개의 엄숙한 노래」를 완성했던 것이다.

브람스는 천천히 그 곡을 연주하기 시작했다.

그가 만든 새로운 작품을 40년 만에 처음으로 클라라에게 보여 주지

못했다. 그는 감정이 복받쳐 올랐고 쉴 새 없이 눈물이 흘러내려 중간 중간 연주가 끊겼다.

이를 지켜보던 사람들은 연주와 함께 죽어 가는 브람스의 영혼을 보았다.

클라라를 영원히 떠나보낸 후, 브람스는 빈으로 돌아왔다. 브람스를 만난 친구들은 불과 며칠 사이에 갑자기 노쇠해 버리는 그를 보았다. 외로웠지만 정력적이었으며 의지가 강했던 브람스가 지쳐 버린 노인으로 무섭게 변해 있었던 것이다.

클라라가 세상을 떠나고 채 일 년도 되기 전인 이듬해 4월이었다. 브람스는 고독하고 외로웠지만 평생 지녔던 클라라에 대한 사랑을 마침내 내려놓았다.

클라라, 이제는 안녕히…….

인물 마주보기

음악에 사랑을 불어넣은 뮤즈, **클라라**

천재 피아니스트로 성장한 소녀

클라라 비크는 1819년 독일 라이프치히에서 태어났다.

아버지인 프리드리히 비크는 유명한 피아노 교사로 딸 클라라에게 어린 시절부터 엄격하게 피아노를 가르쳤다. 유난히 뛰어난 음악적 감각과 피아노 연주에 천부적인 소질을 가지고 있었던 클라라는 아버지의 교육을 거쳐 피아니스트로 두각을 나타냈다.

9살에 게반트하우스에서 데뷔 무대를 가진 그녀는 이후 유럽의 여러 곳을 돌며 순회공연을 하기 시작했고, 차츰 유럽 음악계에서 명성을 쌓기 시작했다.

로베르트 슈만을 만나다

클라라가 10살이 되었을 무렵, 운명의 상대인 로베르트 슈만이 등장했다.

당시 슈만은 법학을 전공했지만 음악을 놓을 수 없었기 때문에 둘 사이에서 갈등을 하고 있었다. 고심 끝에 본격적으로 음악을 하기로 결정을 내린 그는 유명한 피아노 교사인 프리드리히 비크에게 피아노를 배우기 위해 클라라의 집에서 지내게 되었다.

하지만 슈만은 너무 피아노 연습에 몰두한 나머지, 연주자에게 생명과도 같은 손가락을 다치고 만다. 결국, 그는 피아노 연주를 포기하고 작곡에 집중하기 시작했다.

한편, 슈만과 함께 지내며 성장하는 동안 클라라는 자신도 모르게 점점 그를 사랑하게 되었다. 슈만 역시 마음속에 클라라에 대한 사랑을 싹 틔우기 시작했다.

그리하여 클라라가 성인이 되었을 때 두 사람은 이미 깊이 사랑하는 사이가 되었다.

반대를 무릅쓰고 결혼하다

아버지 비크는 자신의 소중한 딸 클라라가 슈만과 결혼하겠다고 하자 크게 분노했다.

당시 슈만은 주옥같은 작품들을 발표하며 이름을 알리고 있었다. 그럼에도 불구하고 비크는 슈만과 클라라의 교제를 완강히 반대하여 둘 사이를 갈라놓기 위해 무척 노력하였다.

하지만 비크의 반대가 강해질수록 두 사람의 사랑도 더욱 단단해졌다.

후에 이 사건은 희대의 결혼 소송으로까지 번졌다. 클라라와 슈만은 치열한 소송 끝에 승리를 했고, 마침내 그토록 꿈꿔 왔던 결혼을 하게 되었다.

클라라와의 결혼 후, 슈만은 그동안 결혼 소송 때문에 겪었던 마음의 고통에서 벗어나 작곡에 매진하여 수많은 곡들을 쏟아 내기 시작했다. 슈만은 전 생애를 통틀어 반 이상의 곡을 결혼 후 3년 이내에 작곡했으니, 클라라와의 결혼이 슈만의 창작에 막대한 영향을 끼쳤음을 미루어 짐작하고도 남는다 하겠다.

클라라 역시 연주자로서의 명성이 더욱 높아져 당대 최고의 여류 피아니스트의 지위에 오르게 된다.

이렇게 작곡가인 슈만과 연주자인 클라라는 많은 도움을 주고받으면서, 서로의 음악 실력을 높이는 데 영향을 주었다. 특히 클라라에 대한 사랑의 감정들을 바탕으로 한 슈만의 가곡들은 세계적 걸작으로 남게 된다.

브람스와의 사랑과 우정 사이

세계 정상의 음악가로 발돋움한 클라라와 슈만은 유명한 음악가들과 많은 교류를 하였는데, 그중에서 요하네스 브람스라는 천재 음악가가 슈만의 제자로 들어왔다. 브람스의 천재성을 한눈에 알아본 슈만이 브람스를 제자로 맞아 집으로 들였던 것이다.

브람스는 슈만과 클라라의 도움을 받아 음악적으로 크게 성장하게 된다. 그 과정에서 그는 스승의 아내인 클라라를 가슴 깊이 사랑하게 된다.

하지만 클라라에게 사랑은 오직 슈만뿐이었다. 그 사실을 잘 알고 있었던 브람스는 클라라에 대한 사랑을 마음속에 간직한 채로 그녀의 주위에서 평생 그녀만을 바라보았다.

슈만 부부의 짧은 사랑, 그리고 영원한 이별

행복한 나날을 보내던 슈만 부부에게 불행이 닥쳐왔다.

오래전부터 정신병을 앓았던 슈만은 병이 악화되자 점차 불안해지기 시작했다. 급기야 그는 자살을 시도하기에 이르고, 결국 스스로 정신병원에 입원을 하게 된다.

남편이 없는 집안에서 일곱 명이나 되는 아이들을 돌봐야 하는 것은 순전히 클라라의 몫이었다. 그녀는 가족을 부양하기 위해 전 유럽을 대상으로 순회공연을 시작하였다.

교통편이 순조롭지 못했던 당시에 먼 거리를 여행한다는 것은 고통스러운 일이었다. 하지만 클라라는 동토의 땅 러시아는 물론이고 영국까지 유럽 전역에 걸쳐 공연을 계속하였다.

클라라가 연주가로서 가진 명성은 엄청난 것이었다. 그녀의 연주는 당대 최고였던 리스트와 비교할 만큼 뛰어났다.

그사이 병이 악화된 슈만은 죽고 말았다. 하지만 그 후에도 그녀의 연주는 멈추지 않았다.

클라라의 인생, 그 마지막 악장

클라라의 공연은 50년이 넘게 이어져 그녀가 70살이 될 때까지 계속되었다. 그녀는 그 오랜 세월 동안 정상의 피아니스트로 군림했던 것이다. 누구보다도 뛰어난 피아노 실력과 아름다운 무대 매너, 그리고 음악에 대한 끊임없는 열정과 의지를 가졌던 그녀였기에 가능한 일이었다.

슈만과 브람스의 작품을 가장 탁월하게 해석하고 연주했던 클라라. 그녀는 77세의 나이에 조용히 눈을 감았다.

클라라가 죽고 난 후, 평생 그녀를 사랑했던 브람스는 고독한 시간을 보내다가 역시 몇 달 후 그녀를 따라 세상을 떠났다.

클라라 슈만 일대기

1819 탄생　9월 13일, 독일 라이프치히에서 태어나다.

1824 5세　유명한 음악 선생인 아버지 프리드리히 비크에 의해 피아노를 시작하다.

1828 9세　라이프치히의 게반트하우스에서 데뷔를 하다.

1830 11세　10월, 로베르트 슈만이 프리드리히 비크에게 피아노를 배우다.

1831 12세　베를린으로 첫 연주 여행을 떠나다.

1832 13세　7월 3일과 31일, 게반트하우스에서 공연을 하다. 이후 유럽에서 널리 명성을 떨치다.

1836 17세　로베르트 슈만과 사랑에 빠지다.

1839 20세　결혼하기 위해 법원에 결혼청원서를 제출하다.

1840 21세　아버지의 반대에도 불구하고 로베르트 슈만과 결혼하다.

1841 22세　9월 1일, 첫딸 마리에를 출산하다.

1843 24세　2월 18일, 가족과 함께 연주 여행을 떠나다.

　　　　　4월 15일, 둘째 딸 엘리제를 출산하다.

1844 25세　러시아 연주 여행 이후 12월에 드레스덴으로 이사하다.

1845 26세　3월 11일, 셋째 딸 유리에를 출산하다.

1846 27세　2월 8일, 첫아들 에밀을 출산하다.

1847 28세　11월 4일, 아들 에밀과 절친한 멘델스존의 죽음으로 슈만은 정신적인 문제에 시달리다.

1851 32세   쇠약해진 슈만과 함께 긴 여행을 떠나다.

1853 34세   다시 피아노 연주와 작곡을 시작하여 전 유럽에 박수갈채를 받다.

9월 30일, 요하네스 브람스와 처음 만나다. 슈만은 브람스를 극찬하다.

1854 35세   정신병에 시달려 온 슈만이 결국 정신병원에 입원을 하다.

1856 37세   남편 로베르트 슈만이 죽다. 그 후에도 끊임없이 연주 여행을 떠나다.

1872 53세   셋째 딸 유리에가 죽다.

1873 54세   아버지 프리드리히 비크가 숨을 거두다. 큰아들 루드비크가 아버지 슈만과 같은 병으로 정신병원에 입원하다. 막내아들 펠릭스는 유리에가 걸렸던 결핵에 걸리다.

1878 59세   클라라의 50주년 연주 기념회를 열다.

1896 77세   3월, 뇌출혈 발작을 일으키다. 그리고 5월 20일, 세상을 떠나다.

알쏭달쏭~ 음악가가 궁금해

여러분은 음악가가 되고 싶다는 생각을 한 적이 있나요? 그렇다면 어떤 음악가를 꿈꾸었나요? 음악가 중에는 클라라 슈만 같은 피아노 연주가도 있고, 로베르트 슈만 같은 작곡가도 있지요. 또, 가수와 지휘자, 소리꾼 등 아주 많은 직업이 있답니다.

음악가는 자신이 하고 싶은 이야기를 다른 사람들에게 잘 전달할 수 있어야 합니다. 그러기 위해서 자신의 감성과 생각을 잘 나타낼 수 있는 특별한 도구를 사용합니다.
연주가는 악기를, 가수는 목소리를, 음악평론가는 글을, 음향스태프는 기계를 통해서 아름다운 음악을 전하는 것이죠. 음악가가 표현하고자 하는 감성을 듣는 사람이 느낀다면 음악가로서의 역할을 충분히 한 것입니다.

그럼 지금부터 음악가를 희망하는 여러분을 위해 음악가의 다양한 분야에 대해서 소개할까 합니다. 읽으면서 각자의 미래를 향해 날갯짓을 해 보세요.

　가수는 고전 음악과 가곡을 노래하는 성악가, 역할을 맡아 연기를 하면서 노래하는 오페라 가수, 그리고 최신가요를 선보이는 대중음악 가수까지 그 분야가 정말 다양합니다. 이들은 혼자서 솔로 활동을 하거나 여럿이 뭉쳐서 그룹이나 단원을 이뤄 노래를 합니다. 또한, 교향악단이나 밴드의 연주에 맞춰 공연을 하기도 하고, 클래식과 대중음악을 혼합하여 팝페라 같은 새로운 음악장르를 만들어 내기도 합니다.

　이들의 주 활동무대는 공연장과 방송국이고, 음반 녹음을 위해 스튜디오를 가기도 합니다.

　성악가는 자기 목소리의 높낮이에 맞게 여성은 소프라노-메조소프라노-알토, 남성은 테너-바리톤-베이스로 나뉩니다. 이것이 구분이 돼야 성악의 기초를 다질 수 있는 것이죠. 이것은 오페라 가수도 마찬가지입니다. 오페라와 성악의 발성은 기본적으로 그 맥락을 같이 하고 있기 때문입니다.

　대중 가수는 틀에 얽매이지 않고 자유롭게 노래를 부릅니다. 장르는 록, 댄스, 발라드, 트로트 등 아주 많습니다. 요즘 가수들은 노래뿐만 아니라 작사, 작곡도 할 줄 알고 춤도 잘 추는 만능 엔터테이너가 많습니다. 이들은 매니저와 보컬 트레이너, 코디네이터와 함께 활동하면서 자신의 직업을 분업화하고 전문화합니다.

　가수가 되기 위해서는 어렸을 때부터 가수의 꿈을 키우며 기초를 튼튼하게 하는 것이 중요하지만, 무엇보다도 자신만의 특별한 목소리와 발성을 가질 수 있도록 연구를 해야 합니다. 가수는 대중을 상대하는 직업으로, 대중은 항상 새로운 것을 원하기 때문입니다.

　가수는 목소리가 생명입니다. 목소리가 곧 악기이기 때문이죠. 그러므로 일상생활에서 목을 함부로 쓰지 말고 잘 관리해 주어야 무대 위에서 제 실력을 발휘할 수 있겠죠?

이 직업에 꼭 맞는 사람은?

타고난 음악적 재능과 예술적 감각을 기본적으로 가지고 있어야 합니다. 그리고 악기를 다루는 법은 몰라도 악보를 읽고 반주를 이해할 수 있는 음악적 지식이 필요하지요. 또한 악기들의 음색이나 화음을 정확히 파악할 수 있는 감각도 요구됩니다.

시간이 걸리더라도 꾸준히 연습해야 하기 때문에 남다른 끈기와 인내를 가지고 있는 사람에게 어울리는 직업입니다.

이 직업을 갖기 위해 해야 할 일!

가수가 되기 위해서 제일 중요한 것은 가창력입니다. 이것은 어렸을 때부터 꾸준히 실력을 쌓아야 가능한 것이기 때문에 스스로 훈련을 해야 합니다. 목소리는 성장하면서 수시로 변하기 때문에 변성기 때 특히 잘 관리하는 것이 필요합니다.

가수가 되려면 사설학원이나 아카데미에서 교육을 받는 것이 좋고, 각종 대회에서 수상 경력이 있으면 대학 진학에 유리하기 때문에 더없이 좋겠죠?

그중에서 성악가는 각종 콩쿠르에서 입상을 하는 것이 좋습니다. 그리고 고교 졸업 후 대학교의 성악 관련 학과를 졸업하는 것이 기본 과정입니다.

연주가는 악기로 음악을 연주하는 직업입니다. 악기의 종류는 거문고와 바이올린 등의 현악기, 단소와 피리 등의 관악기, 오르간과 피아노 등의 건반악기, 북과 실로폰 등의 타악기가 있습니다. 혼자서 독주를 할 수도 있고, 오케스트라나 악단에 들어가 합주를 하기도 합니다. 때로는 음대를 준비하는 학생이나 개인적으로 음악을 배우려는 사람에게 악기 연주를 가르치는 연주가들도 있습니다.

국악사는 가야금, 아쟁, 장구 등 국악을 연주하는 사람입니다. 넓은 의미에서 보자면 판소리와 창을 하는 사람도 포함되는데, 대부분 이들도 기본적으로 국악을 연주할 줄 압니다. 오늘날에는 국악의 대를 이을 연주가들이 부족하여, 국가에서 국악예능보유자를 인간문화재로 지정하여 보존하고 있습니다.

클래식 음악 연주가는 피아노는 기본이고 바이올린과 첼로 등을 연주합니다. 어렸을 때 취미로 배우다가 본격적인 길에 들어서는 경우가 많은데, 다양한 클래식 악기를 접해 보고 자신에게 제일 잘 맞는 악기를 선택하는 것이 클래식 전반을 이해하는 데 도움이 됩니다.

대중음악 연주가는 연주와 작곡을 같이 하는 경우가 많습니다. 작곡을 하려면 반주에 맞춰 보는 것이 중요하기 때문이죠. 또, 록 밴드에서 기타나 드럼을 치거나 가수가 노래를 부르면서 피아노나 기타를 치기도 합니다.

연주가에게 레슨은 필수입니다. 연습 그 자체도 중요하지만 좋은 지도자를 만나 조언을 얻고 몰랐던 재능을 발견하는 것이 무엇보다 중요하기 때문입니다.

또 좋은 동료와 함께 연습을 하다 보면 경쟁도 되고 격려도 되기 때문에 실력이 쑥쑥 자랄 수 있습니다.

이 직업에 꼭 맞는 사람은?

어렸을 때부터 음악적 재능을 키우는 것이 중요합니다. 대부분의 음악가들은 초등학생 때 이미 그 실력을 인정받는 경우가 많답니다. 그리고 악기의 음색이나 곡의 진행방향을 파악할 수 있는 청력이 발달해야 하죠.

악기를 연주하려면 정교한 손동작 또한 필요합니다. 오케스트라에 속해 있을 경우, 다른 연주자들과 힘을 모아 공연해야 하므로 협동심과 원만한 대인관계를 길러야 합니다.

예술을 사랑하고 이를 탐구할 줄 아는 사람에게 적합하며 오랜 연습을 견딜 끈기와 인내심을 가진 사람에게 유리합니다. 수많은 스트레스와 슬럼프를 이겨 내야 하며, 조그마한 음색도 잡아내는 꼼꼼함이 필요하기 때문입니다.

이 직업을 갖기 위해 해야 할 일!

연주가가 되기 위해서는 전문학원과 아카데미 등에서 꾸준히 교육을 받는 것이 기본입니다. 요즘에는 세분화되고 전문화된 아카데미가 많으므로 그런 곳에서 여러 가지 악기를 다루다 보면 자신에게 가장 잘 맞는 악기를 선택할 수 있습니다.

진로는 예술중학교·고등학교를 졸업하고, 음악대학에 개설된 관현악과, 기악과, 피아노학과, 음악과 등 관련학과를 전공하는 것이 보통입니다.

각종 음악 콩쿠르에 참여하여 입상 경력을 쌓는다면 대학 진학뿐만 아니라 세계적인 무대에 많이 초청되어 자신의 기량을 한껏 펼칠 수 있습니다.

지휘자는 관악기·현악기·타악기 등 클래식 음악을 연주하는 오케스트라를 지휘하고, 합창단이 화음을 낼 때 이를 지도해 주는 사람입니다. 때로는 악보를 편곡하기도 하고 지방 또는 해외공연을 계획하기도 합니다.

지휘자는 악보를 보고 전체 작품을 해석할 수 있는 능력이 필요하고, 작품을 구상하고 이 흐름을 파악한 다음 단원들이 이것을 연주할 수 있도록 지시해야 합니다.

지휘자는 다양한 손짓과 몸짓으로 곡을 느리게, 부드럽게 혹은 빠르게, 강하게 하라고 지시합니다.

지휘자는 선정된 곡의 음색과 화음, 리듬, 빠르기 등의 음악적 효과를 낼 수 있어야 하므로 작품에 대한 끊임없는 공부를 해야 합니다. 작곡가가 곡을 통해 어떤 이야기를 하려고 하는지 청중에게 그대로 전달하기 위해서는 지휘자의 작품 해석과 표현능력이 그만큼 중요하답니다.

이 직업에 꼭 맞는 사람은?

오케스트라 단원들을 한마음으로 이끌 수 있는 리더십이 있어야 합니다. 또, 단원들의 많은 의견을 조율하기 위해서는 의견을 수용할 줄 아는 포용력이 필요합니다. 또한 곡을 가장 아름답게 들려주려는 책임감을 가져야 합니다.

이 직업을 갖기 위해 해야 할 일!

지휘자가 되기 위해서는 연주 실력을 키워 악기에 대해 이해를 하고, 연주가로서 인정을 받아야 합니다. 음대의 지휘과를 들어가서 지휘법을 배울 수도 있고, 세계적인 지휘자로부터 지휘법을 배우기도 합니다.

음향기사

음향 기사는 특수 효과음이나 배경음악을 영상에 알맞게 입히거나, 가수나 배우의 목소리를 깨끗하게 녹음합니다. 그리고 공연장에서 음악 소리가 어떻게 하면 아름답게 들릴 수 있는지, 영화 촬영장에서 배우의 목소리와 소품이 어떻게 하면 상황에 적절하게 표현될 수 있는지, 콘서트홀에서 가수의 목소리와 반주 소리가 어떻게 멋지게 나올 수 있는지를 생각해야 합니다.

음향 기사는 연출자의 의도를 파악한 다음, 회의를 통해서 음악의 톤과 효과음, 메시지의 전달 등 음향 콘셉트를 정합니다. 그리고 음악을 만들고 고르는 작업을 거친 후 저음과 고음을 조작하고 각각의 음색을 혼합하는 장치인 이퀄라이저로 음을 만듭니다. 이때 컴퓨터 소프트웨어나 믹싱 장비를 사용하기 때문에 기계를 잘 다룰 줄 알아야 합니다. 그 후 녹음실에 가서 주변의 소음을 없애고 선명한 음색이 나오도록 하는 작업을 하는 것이죠.

이 직업에 꼭 맞는 사람은?

박수 소리, 숨소리, 먹는 소리 등 사소한 음에 관심을 가지는 호기심이 있어야 합니다. 그리고 마이크에 잘 잡히지 않는 잡음을 세심하게 잡아낼 수 있는 꼼꼼함도 필요합니다. 기본적으로 타고난 청각과 음향과 소리에 대한 감각도 중요하지요.

또한 음향 장비의 설치와 조작은 물론이고 이 장비들을 잘 다룰 수 있는 능력이 필요합니다. 최첨단으로 발전하는 기술변화에 음향 장비 역시 업그레이드되고 있는데, 이에 대처하면서 새로운 기술을 배우려는 자세를 가져야 하지요.

이 직업을 갖기 위해 해야 할 일!

학력이나 전공의 제한은 없지만, 음향 제작 관련 학과를 졸업하는 것이 유리합니다. 그 밖에 한국방송아카데미나 전문음향학원에서 교육과 훈련을 받을 수 있습니다. 방송 제작에 실제로 참여하여 실무를 경험해 보는 것도 좋은 방법입니다.

작곡가는 작사·작곡은 물론이고 악기도 다룰 줄 알아야 합니다. 물론 악기를 다루지 못하는 세계적인 작곡가들도 있지만 기본적으로 악기를 알아야 곡을 표현하고 만드는 데 이해가 쉽습니다. 작곡가 중에는 작사와 작곡, 노래까지 모두 하는 싱어송라이터도 있습니다.

작곡가는 가요, 뮤지컬, 영화음악 등 다양한 분야의 곡을 의뢰 받습니다. 그에 따라서 주제를 정하고 내용을 만듭니다. 그리고 곡의 콘셉트에 맞게 멜로디를 만드는 작업을 합니다. 그 후 곡에 맞는 가사와 표현력이 좋은 가수의 목소리가 결합하여 하나의 작품을 완성하는 것이지요. 작곡과 작사는 떼려야 뗄 수 없는 관계인데, 둘 중 어떤 것을 먼저 작업하느냐는 작곡가의 취향에 따라 다릅니다. 작사는 전문 작사가에게 의뢰를 하는 경우도 있습니다.

작곡가는 자신의 곡에 대한 저작권료를 받습니다. 대중들의 사랑을 받는 곡일수록 저작권료가 많아지게 되어 돈을 더 많이 벌 수 있습니다.

이 직업에 꼭 맞는 사람은?

작곡가는 곡으로 어떤 이야기를 전하거나 이미지를 상상하도록 해야 하므로 감성이 풍부하고 표현력이 좋아야 합니다. 사소한 어떤 것도 곡의 주제가 될 수 있으므로 모든 것에 관심을 가지는 관찰력과 호기심도 중요합니다.

이 직업을 갖기 위해 해야 할 일!

고교를 졸업 후 대학교에서 작곡과나 실용음악과를 전공하여 대중음악가로 활동합니다. 현재 신인 작곡가를 발굴하는 많은 가요제들이 열리기 때문에 그곳에서 주목을 받거나 입상을 하면 데뷔를 할 수 있습니다.

음악평론가는 클래식, 오페라, 영화음악, 대중음악 등 음악 전반에 대한 지식을 섭렵해야 하고, 음악의 최신유행과 감각 등을 앞서가야 합니다. 음악의 모든 것을 총망라하여 알아야 하기 때문에 끊임없이 공부해야 합니다.

음악평론가는 음악 연주회, 행사, 콘서트 등에 참석하거나 TV 음악 프로그램을 보고 이에 대한 감상이나 비평을 작성합니다. 우선 음악의 주제, 표현, 기술 등을 전문적으로 분석한 다음, 자신이 가지고 있는 지식과 판단, 경험 등을 근거로 작품에 대한 평가를 내립니다. 이것을 바탕으로 칼럼을 작성하지요.

자신이 쓴 음악 평론을 신문이나 전문 잡지에 기재하거나, 방송 인터뷰 등에 응하기도 합니다.

이 직업에 꼭 맞는 사람은?

평론의 기본 원리와 작품에 대한 자신의 의견을 논리적으로 표현할 줄 알아야 하고, 대중들과 의사소통을 원활히 할 수 있어야 합니다. 그리고 예술에 전반적으로 관심을 가지며 이를 탐구하려는 생각을 갖고 있어야 합니다.

또한 평론을 하려고 하는 대상을 철저히 공부하여 자기 것으로 만들어야 합니다. 그러려면 꼼꼼함과 분석적 사고가 필요합니다. 어떤 대상을 평가하기 위해서는 당연히 그 대상의 모든 것을 알아야 하겠죠?

이 직업을 갖기 위해 해야 할 일!

어렸을 때부터 음악은 기본이고 미술과 영화 등 예술을 전반적으로 이해하고 즐겨야 합니다. 물론, 학교 공부도 충실히 해야 합니다. 평론가는 세상에 펼쳐지는 다양한 생각을 이끌어 내야 하기 때문에 각 분야에서 팔방미인이 되어야 하는 것이죠.

그리고 고교 졸업 후 대학교의 국문학과, 미술학과, 대중음악과, 영화학과, 연극학과 등을 전공하는 것이 일반적입니다.

보컬 트레이너는 대중가요뿐만 아니라 뮤지컬과 오페라의 영역을 넘나들며 학생들에게 노래를 훈련시키고 지도합니다. 최근 가수라는 직업에 대한 인기가 높아지면서 보컬 트레이너의 수요도 높아지고 있습니다. 또, 대학에 실용음악과가 많이 신설되면서 보컬 트레이너들이 많이 활동하고 있지요.

보컬 트레이너의 진로는 무궁무진합니다. 가수들이 음반 작업을 할 때 옆에서 지도하기도 하고, 코러스 역할을 하기도 합니다. 실력 있는 보컬 트레이너의 경우, 직접 음반을 내기도 하지요.

최근 보컬 트레이닝의 추세는 성대의 구조와 발성의 원리를 이해하고 과학적인 근거를 바탕으로 소리를 내는 것입니다. 그러니 무작정 목을 쓰는 것이 아니라 전문가에게 차근차근 배우는 것이 좋겠죠?

이 직업에 꼭 맞는 사람은?

노래의 기초가 탄탄해야 하는 것은 물론, 가르치는 것을 좋아해야 합니다. 그리고 학생들을 책임지고 이끌어 갈 수 있는 리더십과 학생들의 이야기에 귀 기울일 줄 아는 이해심이 있는 사람에게 어울리지요.

이 직업을 갖기 위해 해야 할 일!

고교 졸업 후, 대학의 실용음악과에서 공부하는 것이 좋습니다. 그리고 SLS(Speech Level Singing)발성법 자격증을 따면 유리합니다. Speech Level Singing이란 편하게 말하는 것 같이 노래를 부르라는 뜻으로, 설명만으로는 쉽게 이해할 수 없으니 전문학원에서 SLS의 체계적인 방법을 배우는 것이 좋습니다.

소리꾼은 우리나라 전통 음악인 창극과 민요, 판소리를 하는 사람입니다. 이 중 솜씨가 뛰어난 소리꾼을 예우하여 명창이라 부릅니다.

판소리에서 소리꾼은 일인다역으로 혼자서 여러 역할을 해냅니다. 이야기를 전개해 나가면서 해설자 역할도 하고, 이야기 속에 나오는 각 등장인물의 역할을 혼자서 해냅니다.

소리꾼은 단순히 기존에 있던 판소리나 창을 똑같이 재연하는 것만은 아닙니다. 스승에게서 전수받은 판소리를 완전히 익혀 명창으로 실력을 쌓으면 자신이 느낀 대로 창작을 가미하여 다채롭게 변형하거나 더욱 재미있게 구성하여 덧붙이기도 합니다. 이렇게 판소리에 자신의 창작을 덧붙이는 것을 더늠이라고 하며, 이 더늠으로 인해서 판소리는 더욱 풍부하게 발전할 수 있는 것입니다.

이 직업에 꼭 맞는 사람은?

우리나라 전통예술에 관심이 많아야 하고, 이를 계승하려는 마음가짐이 있어야 합니다. 또한, 틀에 얽매이지 않고 자유롭게 자신의 생각을 표현할 줄 알아야 합니다.

이 직업을 갖기 위해 해야 할 일!

국악신문사나 한국전통민요협회 같은 전문기관에서 전통음악에 대한 많은 자료를 찾아보고 공부해야 합니다. 특히, 입시를 위해서는 시창청음(악보를 정확히 보고 듣고 노래를 부르는 훈련)이 중요하므로 이를 열심히 공부해야 합니다.

일반적으로 국악중·고등학교나 전통예술학교에서 공부를 합니다. 대학교에서도 국악을 전공하는 것이 좋겠지요. 졸업 후에는 국립창극단, 국립국악원 같은 곳에서 일할 수도 있고, 독자적으로 활동할 수도 있습니다.

역사와 함께 흘러온 위대한 음악 이야기

음악은 인류의 시작과 함께 탄생한 태초의 언어이다. 현대 문명과 동떨어져 살고 있는 오늘날의 소수 민족과 부족을 살펴보면 이를 알 수 있다. 그들은 함께 농사를 짓거나 물고기를 잡을 때 합창을 하며 공동체 의식을 키운다. 그리고 전쟁을 할 때도 병사들에게 용기를 주기 위해 노래를 부르며, 축제와 제사를 지낼 때도 주술적인 힘을 발휘하기 위해 음악을 사용하곤 한다.

음악이 본격적인 공연의 형태를 띠기 시작한 것은 고대 그리스 시대였다. 소리와 연극이 융합한 그리스극을 비롯하여 악기와 연주 기법이 다양하게 발달했다.

그 후 르네상스와 바로크 시대를 거쳐 음악의 전성기라 할 수 있는 고전주의 시대에 이르러서 음악은 종교 행사와 연극, 발레, 서커스 공연뿐만 아니라 일반인들의 잔치에서도 꼭 필요한 문화로 자리매김했다. 그리하여 오늘날의 음악은 동서양을 막론하고 전 세계의 문화가 고루 섞여 누구나 쉽게 즐길 수 있는 대중문화로 탄생했다. 이는 유행과 예술적 아름다움을 고루 갖춘 경향으로 흐르고 있다.

이렇듯 음악은 우리가 사는 시대가 어떤 방향으로 흘러가는지, 무엇을 요구하는지에 따라 다양한 모습으로 변해 왔다. 이러한 흐름 속에서 음악이 역사 속에서 무슨 생각을 하며 어떻게 살아왔는지 이야기하고자 한다.

1. 원시 시대의 음악

최초의 음악은 의사소통을 하기 위해 언어처럼 사용되었다. 이 시대는 문명이 발달하기 전이었으므로 자신의 생각을 표현하기 위해서 소리를 이용하지 않을 수 없었다. 고대 유적과 유물을 살펴보면 지난 수천 년간 인류의 진화와 함께 음악도 끊임없이 발전했다는 것을 알 수 있다.

① 입에서 입으로 전해 오는 민속음악

원시 사람들은 노래를 통해서 신화와 종교에 관한 이야기를 후손에게 전했다. 수천 년의 역사를 가지고 있는 이야기를 노래로 완벽히 전할 수 있었을까? 물론 길고 복잡한 이야기는 부분적으로 변형되고 추가 혹은 삭제되기도 했지만 오늘날까지 전승되는 민속음악들이 분명히 남아 있다. 악기는 생활 주변에서 쉽게 구할 수 있는 물건으로 만들었다. 상어 가죽으로 북을, 큰 조개로 나팔을 만들었다는 기록이 있다.

원시 사람들이 만든 민속음악은 악보 하나 없지만, 그들의 후손이라고 할 수 있는 현재 원주민들에 의해 구현되고 있다.

② 종교 의식으로서의 음악

원시 시대는 특정한 신을 섬기는 종교가 생활에서 아주 중요한 위치를 차지하고 있었다. 종교는 인간이 도덕과 규범을 지키며 살 수 있게 하고, 사회 질서를 유지시키기 때문에 안정적인 생활에 도움을 주었다.

신을 찬양하기 위해서 사람들은 종교 의식을 갖기 시작했는데, 이때부터 음악이 사용되기 시작했다. 음악은 신의 이야기를 효과적으로 들려줄 수 있는 언어 수단이었기 때문에 종교 생활에 있어서 그 위치가 점점 높아졌다.

③ 전쟁의 노래로서의 음악

음악은 전쟁터에서도 중요하게 사용되었다. 군대가 행진할 때 시작되는 북(고대 아메리카에서는 적의 피부로 만든 악기가 군사력을 높인다고 생각했다)과 나팔 소리(고대 나팔은 토기처럼 진흙을 구워 만들었다. 빙글빙글 꼬인 모양은 현대 나팔의 모양과 비슷하지만 깨지기 쉬운 단점이 있었다)는 하늘과 땅이 진동하듯이 울린다. 이는 전쟁의 분위기를 고조시키고, 군인들이 단결하도록 한다. 목청을 높여 부르는 군가는 적들에게 공포를 불러일으킴과 동시에 병사들의 용기를 북돋우며, 전쟁을 승리로 이끌어야 한다는 다짐을 되새기도록 한다. 고대 잉카제국은 특히 악기 만드는 기술이 뛰어나 오래전부터 음악을 전쟁에 사용할 수 있었다.

2. 르네상스 음악

15세기 말부터 유럽에서는 음악을 다양한 장소에서 듣기 시작했다. 교회뿐만 아니라 궁전과 극장에서도 음악을 선보이기 시작했다. 장소가 달라지면서 악기 연주나 발성의 기술이 변화되었는데, 훌륭한 음악가들이 대거 궁정음악을 위해 일하기 시작하면서 음악가들의 실력이 놀라울 정도로 발전했다. 또한, 종교의 위상이 강했던 시대인 만큼 음악에서도 종교음악과 그렇지 않은 음악들이 나뉘어졌다. 19세기 말까지 이러한 흐름은 가장 대중적이면서도 중요한 공연 형식으로 자리 잡았다.

① 종교음악의 분리

16세기 중반, 종교개혁은 유럽의 종교를 개신교와 가톨릭으로 갈라놓았다. 이에 따라 종교음악도 두 가지로 나뉘게 되는데, 전통을 강조하는 가톨릭 음악은 전문적으로 음악을 배운 성악가들만이 부를 수 있는 복잡하고 어려운 형식인 대위법을 강조했다. 반면 개신교 음악은 독일의 종교개혁자인 마틴 루터가 모든 종교인들이 쉽게 부를 수 있도록 음악을 변화시켰다.

② 궁정음악의 탄생

유럽의 주요 도시에 있는 군주나 왕의 궁정은 음악 공연장으로서 역할을 하기 시작했다. 이전의 종교음악이 엄숙함과 엄격함을 상징했다면, 세속음악이라 할 수 있는 궁정음악은 이를 탈피한 신개념의 예술이었던 것이다. 이는 공연의 새로운 장을 열어 주었다. 궁정음악이 성행하면서 연주가와 작곡가를 지원해 주는 후원자들이 생기기 시작했는데, 이는 궁정음악의 발달에 큰 영향을 주었다. 이후 전문 공연장의 성격을 띠는 궁정극장(음악극을 처음 공연한 이곳은 오케스트라와 가수가 같은 높이의 무대에서 공연을 했고, 발코니석은 없었다. 무대 배경은 그림을 그린 막이 전부였다.)이 생기면서 궁정음악은 새로운 장르로 갈라지게 된다.

③ 음악극

르네상스 시대의 예술은 피를 부르는 종교개혁의 암흑기를 지나 고대 유산의 아름다움을 되찾고자 하는 흐름에서 시작되었다. 궁정음악의 탄생과 함께 궁정 음악극이 생기기 시작했는데, 종교적으로 금기시되었던 통속적이고 감성적인 멜로드라마는 고대 그리스 연극의 정신을 밑바탕으로 하여 새롭게 창조되었다. 본격적으로 음악과 연극이 결합한 형태를 가지는 음악극은 운율이 있는 낭독과 노래하면서 연기하는 오페라의 기법을 탄생시켰다. 이후 음악은 점점 더 자유분방해지고 섬세해졌다.

3. 바로크 음악

16세기 말에서 18세기 중반에 이르는 바로크 음악은 종교개혁을 부정적인 시각에서 보는 흐름에서 시작되었다. 기독교가 분리된 이후 교회는 종교인들의 신앙심을 회복하기 위해 다양한 예술을 시도했다. 이는 새로움과 섬세함을 표현하는 것이었는데, 교회는 화려한 분위기로 탈바꿈해 나갔다. 춤과 음악, 연극적 요소가 결합되었고 여러 가지 표현 수단을 동원하여 수준 높아진 기교를 선보였다.

교회는 여전히 음악활동의 중심이었지만 동시에 궁정과 극장, 콘서트홀이 활성화되어 대중음악이 발달하기도 했다.

바로크 시대에서 가장 뛰어난 음악가는 바흐와 헨델이다. 둘 다 1685년에 독일에서 태어났지만 평생 한 번도 만난 적이 없다. 바흐는 교회음악뿐 아니라 세속음악에서도 기교 변화에 큰 공헌을 했고, 헨델은 교회음악보다는 협주곡과 오페라를 작곡했다.

① 이탈리아 악파 VS 프랑스 악파

18세기에 들어서면서 성악이 동반되는 이탈리아의 음악 흐름은 느낌과 감성을 효과적으로 불러일으키는 것이었다. 이 시기 이탈리아의 음악을 널리 알리는 데 큰 공을 세운 작곡가는 비발디이다. 그는 음악으로 자연을 표현하고자, 자연의 소리를 모방하려는 시도를 했다. 자연의 그림을 주제로 하여 음악을 작곡하기도 했는데, 이것을 표제음악이라고 한다. 표제음악의 대표적 작품은 1년 사계절의 아름다움을 표현한 「사계」이다.

프랑스에서는 춤을 기초로 하여 음악을 만들었다. 이것은 왕이자 최고의 안무가인 루이 14세가 자신의 절대 권력을 음악을 통해 이루어낸 것이다. 그는 오랜 통치 기간 동안 춤 아카데미를 설립했고, 거대한 규모의 오케스트라를 만들어 춤과 음악을 결합시켰다.

② 즉흥연주의 시대

바로크 시대에는 악보를 보지 않고 연주자의 상상에 따라 자유롭게 연주를 하는 경향이 두드러졌다.

하지만 무궁무진하게 변화하는 음은 아무렇게나 표현하면 되는 것이 아니라 엄격한 훈련을 기초로 하는 것이다. 정확한 음을 파악하고 이를 변주할 수 있는 체계적인 연습 없이는 절대로 할 수 없는 것이 즉흥연주이다.

대표 작품으로는 바흐가 독일의 프리드리히 2세에게 선물한 「음악의 헌정」이다.

③ 인쇄술의 발달

17세기 말에서 18세기 초, 음악은 궁정에서부터 일반 대중시장에 진출하여 큰 성공을 거두었다. 그에 따라 음악가들도 돈을 벌게 되었고, 인기 있는 음악가들의 악보가 출판되어 팔리기 시작했다.

처음에는 악보를 인쇄하는 데 많은 비용이 들었기 때문에 특별한 경우에만 소량 인쇄되었다. 이때 동판 인쇄라는 새로운 인쇄술이 등장하면서부터 악보를 쉽게 출판하고 음악을 널리 알릴 수 있었다. 동판 인쇄술은 평평한 구리 조각에 그림이나 글자를 새겨서 찍어 내는 기술로, 옛날 방식보다 훨씬 선명하게 인쇄되었고 작업 단계도 줄어드는 이점이 있었다.

4. 고전주의 음악

바로크 시대로부터 물려받은 음악 기법들을 더욱 발전시키고 완성도를 높였던 시기가 바로 고전주의 시대이다. 소나타와 관현악, 기악 독주와 협주곡 등은 고전주의 음악의 전형적인 형식이다. 이 시기는 궁정에 소속되어 있던 음악가들이 자유직업인으로 살기 시작하면서 중산 계층의 음악이 본격적으로 시작된 때이다.

① 현대적 오케스트라의 탄생

바로크 시대의 양식들을 종합하여 체계화한 것이 바로 고전주의 시대의 오케스트라이다. 당시 오케스트라는 약 50가지의 악기로 구성되었다.

고전주의 음악은 짧은 시기이지만 오케스트라의 비약적인 발전을 이루었다.

오케스트라의 악기 그룹은 현악기, 관악기, 타악기로 이루어진다.

그중 기본 파트를 담당하는 현악기 그룹은 오케스트라의 맨 첫 번째 줄에 위치한다. 제1바이올린은 오케스트라의 주요 그룹이고, 제2바이올린은 제1바이올린과 교차하면서 연주한다. 비올라는 바이올린보다 낮은 음으로 중간 음역을 담당한다. 첼로는 베이스 음역을 담당하며 화음과 선율을 연주하고, 장중한 음의 콘

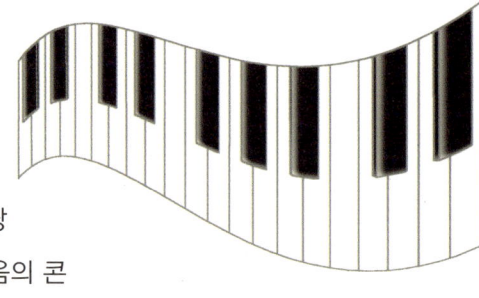

트라베이스는 가장 낮은 음역을 담당하며 화음을 받쳐 주지만 독주는 하지 않는다.

관악기 그룹은 오케스트라의 두 번째 줄에 위치한다. 목관악기는 오케스트라의 음색을 담당하는 중요한 악기로서 오보에, 클라리넷, 플루트, 바순 등으로 구성된다. 음색과 음향을 강하게 해 주는 금관악기는 호른, 트럼펫, 트롬본, 튜바 등으로 구성된다. 타악기 그룹은 오케스트라의 세 번째 줄에 위치한다. 팀파니, 베이스드럼, 큰북, 작은북으로 구성되며, 군악대에서 주로 쓰이다가 오케스트라에서 박자를 담당하게 되었다.

② **교향곡의 완성**

고전주의 음악에서 가장 두드러진 변화는 교향곡의 등장이다. 바로크 시대 때 이탈리아에서 처음 탄생한 교향곡은 고전주의에 이르러 하이든에 의해 완성되었다. 하이든은 교향곡을 4악장으로 나누었는데, 1악장은 빠른 악장, 2악장은 느린 악장, 3악장은 약간 빠른 미뉴에트나 스케르초, 4악장은 빠른 악장으로 구성했다.

교향곡의 특징은 오케스트라의 모든 악기들이 함께 연주하며, 어떤 한 악기가 홀로 연주하지는 않는 것이다.

대표적인 작품으로는 베토벤의 「9번 교향곡」이다. 1824년 이 곡이 처음 연주되었을 때 음악계에 엄청난 충격을 가져왔다. 교향곡에 합창과 독창, 그리고 온갖 악기들이 모인 오케스트라까지 동원한 것은 혁명적인 일이었다. 큰 규모임에도 불구하고 힘이 넘치면서도 잘 어우러지는 이 작품은 이 세상 모든 사람들의 화합을 기원하는 명곡으로, 유네스코 세계문화유산에 등재되어 있다.

③ **실내악의 새로운 형식 개척**

고전주의 시대의 음악은 교향곡과 더불어 좀 더 섬세하고 절제된 시도가 일어났는데, 그것이 바로 실내악이다. 실내악은 한 악기가 한 파트씩 맡아서 연주하는 합주곡이다. 파트에 따라 2중주에서부터 5중주를 넘나드는데, 4중주가 대표적이다. 4중주는 바이올린 둘, 비올라 하나, 첼로 하나로 구성된다. 어느 한 악기가 주인공이 되어 연주하는 것이 아니라 네 가지 악기가 서로 대화를 나누듯 조화를 이루며 연주한다.

실내악의 대표 인물은 하이든과 모차르트이다. 그들은 종종 오스트리아 빈의 악기점이나 개인 저택에서 4명의 연주자들이 하는 공연을 지켜봤고, 그로 인해 4중주곡을 많이 작곡할 수 있었다.

④ 사회 변화에 따른 음악의 새로운 흐름

1789년에 시작된 프랑스대혁명은 전 유럽에 엄청난 충격을 안겨 주었다. 이는 비단, 사회적 문제만이 아니었다. 모든 시민이 법 앞에 평등하게 됨에 따라 음악도 이러한 새로운 시대의 요구를 담아내려는 노력을 했다.

이 시대의 음악들은 모든 사람들에게 희망과 용기를 북돋아 주었고, 애국심을 심어주었다. 때로는 지배계층에 대항하는 선동적인 노래가 유행하기도 했다.

이렇게 고전주의 음악은 이전 시대보다 한층 자유로운 형식으로 발전했다.

– 평민음악의 탄생

당시 프랑스 사회는 귀족, 성직자, 평민, 이렇게 세 계층으로 나뉘어 있었다. 프랑스혁명은 제3계급인 평민들이 일으켰는데, 이들은 힘든 경제활동으로 사회를 발전시켰으나 권리는 보상받지 못하던 시민 계층이었다. 이 시기의 음악은 그들의 소박한 민심을 담아 이해하기 쉽고 전파하기 쉬운 합창과 축제음악으로 구성되었다.

대표적 음악으로는 혁명음악이라고 할 수 있는 「라 마르세예즈」이다.

– 민중의 언어로 만든 음악

18세기까지 음악극은 유럽 음악의 공통언어였던 이탈리아어를 사용했다. 당시 이탈리아어는 감정을 가장 풍부하게 표현할 수 있는 언어라 여겨졌다. 하지만 18세기가 끝나갈 무렵 민중들이 음악을 즐기기 시작하면서부터 이탈리아어 대신 자국의 언어를 넣기 시작했다. 고급스럽지는 않지만 이탈리아어보다 쉬운 일상 언어를 사용하면서부터 한층 더 다채롭고 아름다운 걸작들이 탄생하게 되었다.

5. 낭만주의 음악

낭만주의 시대의 음악은 인간의 감정을 표현하는 경향이 두드러졌다. 인간이 느낄 수 있는 향수와 욕망, 그리움과 환상을 꿈꾸듯이 그려내는 것이었다. 당시 유행하던 고대 전설과 민담, 시와 문학은 낭만주의적 이미지를 상징했고 이는 곧 음악에 드러나기 시작했다. 음악을 즐기기 시작한 대중들은 기존에 있던 음악보다는 신선한 음악을 추구했다. 비전문가였던 이들은 고전주의자로 명성을 알린 베토벤보다는 쇼팽과 슈만을 많이 좋아했다. 슈베르트는 당시에 많이 알려지지 않았다.

① 거대한 음악 시장의 형성

낭만주의 음악은 서민들의 일상에 자연스럽게 자리 잡았고, 이는 음악의 활성화를 일으켰다. 이제 서민들은 공연장을 찾아가서 음악을 듣는 것뿐만 아니라 실제 생활에서도 취미나 직업으로 음악을 연주하기 시작했다. 특히 피아노는 상류층에서 즐겨 연주하던 악기로, 그들은 집에서 피아노를 치며 시를 낭송하는 모임을 가졌다.

이에 따라 악기와 악보를 파는 시장은 전성기를 누렸다. 피아노와 몇몇 악기들이 불티나게 팔려 나갔고, 출판사들은 유명한 작곡가들의 악보집을 팔아서 큰 이익을 남겼다. 이러한 문화현상은 음악 시장을 더욱 확대·발전시켰다.

② 기교 연주를 하는 독주가의 등장

낭만주의 시대에는 새로운 공연을 시도하려는 움직임이 많았다. 그리하여 18세기에는 성악가들이, 19세기에는 연주가들이 혼자서 활동하기 시작했다. 그들은 홀로 무대에 서서 자신의 기량을 한껏 발휘하는 독주가들이었다. 이것은 곧 기교 연주로 이어졌다. 독주가는 혼자서 연주하기 때문에 표현할 수 없는 음악의 화려함을 입히기 위해 곡에 기교를 넣기 시작했다.

기교 연주는 등장하자마자 큰 화제를 일으켰다. 어떤 사람들은 악기를 단순히 소리 나는 물건으로 취급하면서 악기의 특성과 무관한 음악을 연주한다고 비난했고, 다른 사람들은 악기가 낼 수 있는 최고의 연주 기법들을 모두 선보여 연주함으로써 음악을 발전시켰다고 찬사하기도 했다. 대표적인 음악가로는 바이올린의 니콜로 파가니니, 피아노의 프란츠 리스트가 있다. 그들은 공연장에서 독주를 한 최초의 음악가들이다. 특히 파가니니는 당시 가장 훌륭한 바이올리니스트였다. 그의 연주를 들은 사람들은 그가 악마에게 영혼을 팔고 얻은 능력이라고 할 정도였다. 파가니니는 전 유럽을 돌며 150여 차례의 공연을 하는 등 왕성한 활동을 펼쳤다. 그의 바이올린 독주로 탄생한 「카프리치오(유쾌하면서도 변덕스러운 성격의 기악 소곡)」에서 나온 기법은 오늘날에도 이어져 오고 있다.

③ 오페라

19세기에 가장 인기가 많았던 음악 장르인 오페라는 여가생활의 필수요소였다. 당시의 오페라는 현실 세계에 대한 이야기를 했다. 사회적인 논쟁거리와 더불어 국가에 대한 투쟁, 자유의 외침 등 심각한 주제를 다루기 시작하면서 국가의 검열을 받기도 했다. 오페라 중에서 현실을 풍자하는 오페레타가 있는데, 극 중에서 상류계층을 우스꽝스럽게 묘사하고 사회를 비판하면서 서민들의 입장을 대변했다.

대표 인물은 낭만주의 곡인 「호프만 이야기」의 작곡가 자크 오펜바흐이다.

6. 현대음악

　20세기 이후, 산업의 발달과 대중문화의 확산, 동서양을 넘나드는 세계화가 이루어지면서 사람들은 예술을 쉽게 접할 수 있게 되었다. 특히 누구나, 언제, 어디서나 즐길 수 있는 음악은 재즈와 록, 민족음악 등 다양한 장르로 변화하면서 대중성과 함께 예술적 아름다움도 고루 갖추게 되었다. 처음 음악의 흐름은 유럽에서 미국으로 흘렀지만 시간이 흐르면서 미국의 음악이 전 세계를 주도하기 시작했다.

① 급격한 문명의 발달에 따른 음악의 흐름

　산업과 기술의 발달, 과학의 첨단화, 1차 세계대전, 러시아 혁명 등을 거친 후 음악은 어두운 분위기를 띠었다. 하지만 폭력과 자유의 억압을 표현하는 무거운 음악은 대중들의 호응을 받지 못했다.

　한편 현대 음악은 다양한 흐름으로 이어져 전위음악이라는 장르를 완성시켰다. 전위음악은 과거를 그리워하는 원시적 성향을 드러내어 주술적인 느낌을 나타내기도 했고, 미래를 지향하는 분위기로 나아가기도 했다. 특히, 산업혁명의 상징인 기차와 자동차 소리 등을 음악에 적용하는 미래주의 예술이 이탈리아와 러시아에서 시작되었다.

② 음악의 기술 발전

　산업이 발달하면서 디스크 녹음은 음악의 혁명을 일으켰다. 음악을 디스크에 녹음함으로써 대중들은 하루 종일 음악을 들을 수 있었고, 음악을 쉽게 익힐 수 있었다. 그리하여 이 시기에 엄청난 음악가들이 탄생했고 새로운 음악들이 전 세계를 강타했다. 그만큼 디스크 녹음은 음악 산업의 중요한 역할을 담당했다.

　특히, 이는 음악과 영화를 결합시키기에 이른다. 소리가 나오지 않는 무성영화 시대의 영화음악은 영화관에서 오케스트라가 직접 영화의 각 장면에 맞춰 연주해야 했다. 이후 화면과 소리가 동시에 나오는 유성영화 시대의 영화음악이 등장하자, 음악은 영화의 흐름에 맞게 녹음되어 대중들에게 신선한 충격을 가져다주었다.

③ 대중음악의 시대

아프리카와 유럽 음악이 합쳐진 새로운 음악, 재즈가 미국 뉴올리언스에서 처음 시작되었다. 그곳은 19세기 말부터 금관악기로 구성된 오케스트라로 유명한 지역이었는데, 6~7명의 연주자들이 즉흥연주를 시작하면서부터 재즈가 널리 퍼지기 시작했다. 이렇게 자유로운 음악으로서의 재즈는 대중들의 사랑을 받았으며 문학이나 영화의 주제로도 많이 등장하기 시작했다.

한편, 사회 변혁과 자유 의지를 표방하는 록이 새로운 음악으로 등장했다. 직접적이고 파격적인 록의 표현방식은 젊은이들을 열광시켰고, 이는 세계 음악 시장을 뒤흔드는 효과를 가져왔다. 엘비스 프레슬리 같은 감성적이면서도 남성적인 분위기, 지미 헨드릭스 같은 전자 기타의 과격함, 롤링스톤스 같은 무례하고 공격적인 스타일은 음악 시장의 새바람을 불러일으켰다.

④ 월드뮤직

현대음악이 전 세계에 확산되면서 그동안 잘 알지 못했던 나라의 음악이 등장하기 시작했다. TV와 컴퓨터 등 통신매체를 통해 고대부터 오늘날까지의 음악 역사뿐만 아니라 지구상에 있는 모든 민족의 음악을 접할 수 있게 되었고, 여러 가지 음악들을 접목시켜 새로운 음악을 탄생하기에 이르렀다. 이러한 배경에서 전통과 전통, 혹은 전통과 현대가 교류하는 월드뮤직이 탄생했다.

대표 음악가로는 이슬람의 전통 음악을 알린 파키스탄 출신의 누스라트 파테 알리 칸, 인도 음악을 널리 알린 셉 할레드와 라비 샹카, 쿠바 음악을 세계에 떨친 부에나비스타 소셜 클럽 등이 있다.